中原行走笔记
ZHONGYUAN XINGZOU BIJI

中原行走笔记

ZHONGYUAN XINGZOU BIJI

何弘 著

河南大学出版社
郑州

图书在版编目(CIP)数据

中原行走笔记 / 何弘著. -- 郑州：河南大学出版社，2018.8
ISBN 978-7-5649-3465-1

Ⅰ. ①中… Ⅱ. ①何… Ⅲ. ①河南－概况 Ⅳ. ①K926.1

中国版本图书馆 CIP 数据核字(2018)第 199825 号

责任编辑	时　娇
责任校对	任湘蕊
封面设计	翟淼淼
出版发行	河南大学出版社
	地址：郑州市郑东新区商务外环中华大厦 2401 号　邮编：450046
	电话：0371-86059701(营销部)　　网址：hupress.henu.edu.cn
排　版	河南大学出版社设计排版部
印　刷	河南瑞之光印刷股份有限公司
版　次	2020 年 1 月第 1 版　　印　次　2020 年 1 月第 1 次印刷
开　本	889 mm×1194 mm　1/32　印　张　8.5
字　数	169 千字　　　　　　　　定　价　60.00 元

版权所有·侵权必究

本书如有印装质量问题，请与河南大学出版社营销部联系调换。

序

我生于中原,长于中原,在中原工作了几十年,中原各地差不多算是走遍了,其间顺手写下了一些在中原行走的见闻和感想,断断续续在一些报刊上发表。

十多年前,大约 2006 年吧,中共河南省委宣传部委托河南省文学院做一套全面介绍河南的丛书,总名称是"经典河南",丛书总主编由时任中共河南省委宣传部部长的孔玉芳担任,副总主编则由时任中共河南省委宣传部文艺处处长的何弢、时任河南省文学院院长的郑彦英和时任河南省文学院副院长的我担任,当然,具体干活的肯定是我了。这套丛书共有八卷,分别是《文物》《名人》《名城》《名胜》《梨园》《形胜》《庙会》《名产》。除指定作者、协调八卷的全面编辑工作外,其中的《名胜》卷也由我自己操刀完成。当时编辑这套丛书,有一个总体的想法,落实为文字是这样表述的:"以历史的眼光审视河南,以文化的视野观察河南,以文学的笔法描绘河南,以艺术的手段表现河南,图文并茂,展示底蕴深厚的中原文化,把一个真实、厚重、发展中的河南全面系统地介绍给读者。"虽说要"以文学的笔法描绘河南",但毕竟作为一部官方创作的介绍性丛书,文字不可能过于个人化、个性化,这也注定了这些文字虽然带有散文语言的特色,但与纯粹的散文还是有一定的差别。这自然也包括我写的部分。

这套丛书后来由大象出版社出版,发行后反映相当好,一再加印。但作为一个以文学为职业的人,我心中总是觉得有些遗憾,于是就希望能够真正以文学的方式来写一写河南。这样我就萌生出一个念头,想对河南的每个市、县,都至少有一篇个人化的散文来表现,以把我眼中、心中的河南描绘出来。对这个想法,我没有急切地做出个计划,规定一定要在什么时间完成,只是随缘,遇到机缘就写那么一两篇。我总是想,时间还很多,不必急于一时。

而最近,我的工作面临一些变动,在河南的时间将会变得很少,我意识到,这会让我离完成原先设想的距离更加遥远。于是我只好匆匆把以前的文字又翻出来做些简单的修改,加上后来写的一些文字,汇集在一起,算是给自己一个交代吧。正因如此,收在本书中的有些文字走的是正规散文的路数,有些是原来为《名胜》写的文字,文学性就要差些,基本是介绍性的文字。而且,由于介绍河南自然景观的部分由其他作者承担,我负责的《名胜》主要侧重于介绍人文景观,这也导致河南的一些自然景观并没有在本书中得到描述。

遗憾总是难免的,希望以后能有机会予以弥补。

再过两天就是农历新的一年,此刻,河南省文学院静悄悄的,我坐在这个以后会有相当一段时间闲置的办公室里,写下这段文字,作为一个说明,作为一个小结,也作为一个新的开始。

何 弘
2018年2月14日

目　录

中华文化的黄河嵩山 / 1

黄帝故里 / 4

少林寺 / 9

中国第一佛塔 / 17

嵩阳书院 / 20

天下第一山神庙 / 24

中华第一寺 / 29

北宋皇陵 / 33

留余 / 37

北庄的胜迹 / 42

水润天成的中牟 / 46

大河南北看官渡 / 50

郑州黄河风景名胜区 / 54

开封铁塔 / 61

龙亭 / 65

寺寺相摞的皇家寺院 / 68

全真圣地延庆观 / 72

龙门石窟 / 75

天子驾六 / 80

释源 / 84

天下第一关帝庙 / 90

千唐志斋 / 95

河图之源 / 98

见汝之奇 / 101

风穴寺 / 112

殷墟 / 115

变和不变的 / 121

武穆故里精忠庙 / 126

人工天河红旗渠 / 131

大伾山 / 134

苏门百泉 / 138

万里黄河第一观 / 149

太极之源 / 152

虢国墓 / 155

在陕之塬 / 159

东方克里特 / 163

芒砀山记 / 166

太昊陵 / 170

盘古爷，我回来了 / 173

净土 / 177

南阳汉画馆 / 180

诸葛躬耕处 / 185

南阳府衙 / 188

内乡县衙 / 194

淅川八记 / 199

淮源名刹 / 227

老乔和西峡 / 229

无核的苹果 / 233

灵山寺 / 238

阳台宫 / 241

天下第一水神庙 / 245

小沟背的"贾宝玉" / 251

茶与瓦 / 255

中华文化的黄河嵩山

在亚洲的东方，由于风沙的作用而沉淀出了一片巨大而深厚的黄土层，这使从其间流过的一条大河成为世界上含沙量最高的河流。这条因挟带大量泥沙而使河水像黄色泥汤一样的大河因此得名——黄河。大量的泥沙常常塞满黄河的河道，溢出堤防，给生活在这里的人民造成难以估量的生命损失和财产损失。因此，生活在这片土地上的人民，需要一个强有力的统一组织来全盘处理水患问题。这使得中国早早成为一个持久统一的国家，建立了可以同等对待各方，能够整合各种资源共同整治黄河，以解除人民面对的常态威胁的中央集权政府。因此，治水在中国文明发展史中具有非常重要的地位。黄仁宇等卓有识见的学者早就注意到了这一点。

中国现在可以追溯的最早王朝，一般认为是夏。夏的第一位君主是禹，据说他出生在今河南的禹州市，正是因为治水建立了不朽的功勋，才能够开始"家天下"，建立统一的王朝。为什么这个中国王朝制度的开创者出生在河南而不是别处？当然并非因为上帝把骰子掷到了这里，而是完全出于历史的必然。

今天的河南及其周围，正处在这片世界最大的黄土地的中央，正是黄河走出群山，奔向一望无际开阔平原的重要地段。因整治黄河的内在因素而促成的王朝政府当然会建立在这一带。所以正是在这片土地上，在黄河的中下游，中国的集权政府不断成长壮大，终于有秦这个统一的封建政权的建立，并经唐的鼎盛而至宋建立了历史上最完备的文官制度。所以，这片土地理所当然地成为中华文明的发祥地，成为中华文化的诞生地，中华文化的核心正是在这里形成的，这里也长期处于中国政治、经济、文化的中心地位。

因此，河南文化光辉灿烂的历史其实是注定的，其地位是任何省份无法取代的。就文学而言，说宋以前的河南文学史就是大半部中国文学史，毫不为过。但是，宋室南迁也成了河南文化由强盛走向衰弱的一道分水岭。外族的入侵也许只是表面原因。那时，统一的中央集权政府及文官制度早已建立并走向成熟，黄河的泛滥成为作为一国之都的城市发展的不利因素，层层相叠的历代开封城遗迹就很能说明问题。而宋以后汉民族与北方游牧民族的拉锯争夺也使政治中心向北偏移，南方则因较少经受战火和自然灾害而出现了经济文化的繁荣。于是，河南从文化中心退居到文化边缘。

在逐渐边缘化的过程中，自然灾害和连绵的战火不断蹂躏着中原大地，苦难成为中原人最基本的人生体验。20世纪，随着河南新文学的发端，河南作家创作的基本母题就是对苦难的抗争和对造成这种苦难的中原文化的反思。辉煌历史留下的深厚文化积淀、边缘的现实和苦难的体验，形成了河南作家内敛、不事张扬的个性，也为他们提供了进行叙事文学创作的宝贵财富。他们总是默默地把自己内在丰富的东西展示给大家，并终于在20世纪末重铸辉煌。

说完长河，再谈高山。河南的名山当以嵩山居首，它位居五岳之中，历史上也曾声名显赫。关于五岳，向有"泰山如坐、华山如立、恒山如行、衡山如飞、嵩山如卧"之说。这个"卧"字其实已说明了嵩山的特征：内敛，绝不张扬。虽然嵩山单就某一方面而论，雄浑不及泰山，险峻当让华山，秀丽稍逊衡山，奇绝略输恒山，但深入之后会发现，其雄险奇绝、层峦叠翠之景色，颇有可观处，列居五岳绝非浪得虚名。在嵩山的怀抱中，少林寺是禅宗祖庭，中岳庙是五岳中最大的道观，嵩阳书院是中国古代四大书院之一，儒、释、道在此得以和谐相处，甚至多有融合。所以，嵩山很有包容性，意蕴丰富，中庸。一言以蔽之，中庸、内敛、包容、丰富，这是嵩山的特征，也正是河南文学、河南文化的特征。

黄河的水患已成历史，而由此形成的中华文化却至今绵延不绝。丰富的文化资源是河南最宝贵的财富，在文化产业成为全球性蓬勃发展的朝阳产业之时，一个千载难逢的发展良机出现在我们面前。让内在之美为人所知，让文化资源发挥其应有的价值，是我们的责任。文学豫军的中原突破已经实现，它昭示我们，让一个文化的河南在中国的中部崛起并不只是梦想，我们有理由、有能力让河南不只在地理上处于中国的中心位置，更应在文化的引导下，使其政治、经济等各个方面都不再处于边缘。

黄帝故里

"世之所高,莫若黄帝。"这是生活在2000多年前的庄子对黄帝的称颂。

史载轩辕黄帝降生于轩辕之丘,定都于有熊。皇甫谧解释说:"有熊,今河南新郑是也。"后世的考古和学术研究也证实了这一点。黄帝统一天下,奠定中华,肇造文明,惜物爱民,故被尊为中华人文始祖,河南新郑也成为中华儿女寻根祭祖的朝圣之地。

新郑是一个历史文化积淀极为深厚的地方。但对于新郑的得名,不明就里的人会以为是火车拉来了郑州,所以把原来的"郑县"南迁,称为新郑。这当然是一个大错特错的说法。实际上,新郑的得名已有两千多年的历史。公元前770年,郑国将国都从咸林(今陕西省华州区)迁到今新郑溱洧水间,还是叫作"郑",历经395年。公元前221年,秦始皇统一六国,实行郡县制。为了区别陕西的郑县,将原属韩国的郑县改为新郑县,一直沿用到今天(今称新郑市)。

新郑的历史文化遗存极多,相对来说,由于时间久远,有关黄帝的一切,留下的除一些传说外,还有不少地名。但作为中华人文始祖的故里,新郑无疑是一个圣地般的存在。

黄帝故里景区位于新郑市轩辕路,占地面积100余亩。黄帝故里祠始建于汉代,后曾经毁建,明清修葺。清朝康熙五十四年(1715年),新郑县令许朝柱立有"轩辕故里"碑。为弘扬中华民族优秀传统文化,缅怀始祖功德,近年来,新郑市人民政府对黄帝故里景区进行了扩建。

扩建后的黄帝故里景区共分五个区域:广场区、故里祠区、鼎坛区、艺术苑区、轩辕丘区。

在行道通向黄帝故里祠的中轴线上,有两座古朴典雅的石牌坊。第一座四级六柱,高11米,宽17米,雄伟挺拔,气宇轩昂,坊额上镌刻着黄帝雕像,立柱上的石雕巨龙昂首欲飞,形态逼真。正中的两个立柱上有一副对联"始祖功德盖天地泽被九州,华夏文明灿古今誉播八方",生动地概括了黄帝创造5 000年华夏文明的不朽功绩。第二座石牌坊三级四柱,高6.5米,宽4.8米,坊额上是龙凤呈祥的浮雕:巨龙昂首冲天,鳞甲鲜明,而且祥云缭绕;凤凰振翅展翼,御风长鸣,惟妙惟肖。

第一座石牌坊后的乾坤浮雕盘中的金属指针,代表日晷,是古人用来测度天象确定时间的一种仪器;指针的周围刻有太极图;太极图外是张牙舞爪的四灵像图,再外是八卦图、十二生肖图以及二十八宿图。这个看似简单的浮雕盘,其实蕴含着无穷的智慧,把天文、地理、历史、哲学、科技、文化、艺术、宗教等融为一体,反映了中原文化和中国传统文化的博大精深。

第二座石牌坊后的河流名姬水河,其上的三座青石拱桥,即轩辕桥。据说在扩建黄帝故里的过程中,施工人员打算按照历史记载复建轩辕桥,以再现当时的景观。不料,在施工中人们惊喜地发现了埋在地下长达430多年的轩辕桥遗址。轩辕桥原来是座砖拱桥,宽5.7米,东侧有阴刻篆铭文"轩辕桥"三个字,西侧有"隆庆四年许州造砖户王仲"的字样。可以看出,建桥时间正是高拱任明朝大学士的第二年。那年初春,他回新郑探亲,农历三月三日到轩辕故里祠祭祀祖先,由河南巡抚李邦珍、新郑县令匡铎陪同。这天下起了小雨,祠前的河上只有一座青石板桥,高拱在桥上滑了一下。高拱回京后,李邦珍和匡铎商量在轩辕故里祠前修建一座"轩辕桥",以便朝官、百姓前来朝圣拜祖。

祠前东侧是闻名的"华夏第一碑",通高3.26米,宽0.45米,中厚0.26米,圭形。这座碑是1997年7月14日在新郑韩国宗庙遗址中心出土的,当时轰动考古界。碑用花岗岩雕刻而成,是用来祭祀祖先的。碑的制作工艺非常粗糙,加上严重的风化,碑身显得极为古朴,经科学测定,此碑有五六千年的历史。更奇的是,碑的造型与常见的不同,整体为长方形,上窄下宽,上端右侧斜平面较长,为"璋",代表女性;左侧斜平面较短,为"圭",代表男性;中间有一洞,为"串",俗名"子孙窑"。这种左"圭"右"璋"的造型是非常讲究的,被考古学家称为"两性同体崇拜",蕴含着阴阳合万物生的意思。大约也正是这一久一奇,它才被人们称作"华夏第一碑"吧。

黄帝故里祠雕梁画栋,雄伟肃穆,香烟袅袅,古韵悠扬。门前的石熊傲然屹立,雄视四方。祠前庭内摆放着一座题名为"民族之根"的蟠龙根雕,古朴典雅,两支主根粗壮坚实,根系繁茂且相互交融;根雕上的六条龙腾舞飞翔,形态逼真。故里祠庭院内松柏长青,翠竹随风摇曳,百花争奇斗艳。正面是高大雄伟的大殿,门楣上"文明始祖"四个大字是原文化部部长贺敬之的手笔;大殿中央端坐着黄帝的巨像,表情刚毅,面容慈祥;殿前的铜香炉内香烟袅袅,常年不绝;大殿的东西两侧各有一座配殿,东侧配殿为仿古山脊式琉璃建筑,殿内供奉着嫘祖,据《史记》记载,嫘祖是黄帝的正妃,是她发明了蚕桑术,于是人们亲切地称她为"先蚕娘";西侧配殿供奉着嫫母的塑像,她是黄帝的第四妃,相传长得极为丑陋,但非常贤惠精明,她见嫘祖种桑养蚕缫丝,于是昼思夜想,终于发明了"织机",人们便尊奉她为"先织娘"。

过了大殿往里走就是鼎坛区,鼎坛区广场上有一条南北长50米的青石甬道,人们称它为"时空隧道",寓意中华民族经历了5 000年的文明发展历程。甬道正中用2米宽的青石板从北向南铺设,上面镌刻着上起三皇五帝下至21世纪初期的历史大事,展示了中华民族的历史变迁及诸方面的辉煌成就;甬道两侧矗立着10根高3.6米的民族图腾柱,柱用汉白玉雕成,呈六棱形,以石刻技艺和镂法清晰地展现了中国56个民族的图腾族徽和简介。

黄帝宝鼎坛气势恢宏,庄严雄伟,坛基为边长50米的正方形,代表"八卦"中的"坤",象征包容万物的大地;坛顶为圆形,代表"八卦"中的"乾",象征宇宙万物生生不息的演进;坛高5米,代表山林、川泽、丘陵、水边、洼地等"五土",象征大地山河。鼎坛台阶取"3699"之数：第一平台为3个台阶，为正道；第二平台为6个台阶，代表阴、阳、风、雨、晦、明等六气；第三、第四平台各为9个台阶，合为"99"。鼎坛上竖九鼎，高大雄伟的黄帝宝鼎置于中宫，高6.99米，直径4.7米，重24吨，为"天下第一鼎"。四周8个小鼎分别是爱鼎、寿鼎、财鼎、仕鼎、安鼎、丰鼎、智鼎、嗣鼎，它们以八卦之位排列，像群星环月一样拱卫在宝鼎的周围。宝鼎三面雕有九龙，翱翔于天地之间，其中一条大龙居中反顾，龙首处的火球象征光明的太阳，口涎水纹则象征风调雨顺。

黄帝宝鼎坛的北边，是占地10 000多平方米的轩辕丘。丘高19米，直径100米，巍峨高大，是在轩辕丘旧址上重新修复而成的。丘内为黄帝时期人字造型地穴覆土式建筑轩辕宫，宫内建筑以现代材料和传统手段相结合，利用玻璃地面凸现"根"的雕饰，营造浓厚的根文化氛围。特别是对黄帝像的处理打破了传统手法，在采用虚式处理的同时用大块玻璃砖叠制成黄帝像投影，通过光影的变化，充分表达了久远的古文化所产生的历史感和神秘感，表现了中华民族人文始祖根文化的主体性，使参观者的崇敬之情油然而生。

相传，农历三月初三是轩辕黄帝统一天下后在新郑"大会诸侯"，成为天下共主的日子。后人为了表达对他的崇敬，通常在这一天进行拜祭。"丙戌年黄帝故里拜祖大典"轰动一时，黄帝故里新郑更成为中华儿女心中的圣地。

少 林 寺

提起中国功夫,大家立刻就会想到少林寺。所谓"天下功夫出少林",一句话即表明了少林寺作为功夫之源享无上尊崇的特殊地位。撇开功夫不谈,少林寺在佛教界也一样具有非常崇高的地位。佛教传入中国,与中国传统文化产生交融,得到了新的发展。禅宗的出现,可以说是中国人对佛教最大的贡献之一。而禅宗,同功夫一样,就出自少林,少林寺是佛教界公认的"禅宗祖庭"。

少林寺位于河南登封西北少室山的五乳峰下,群山环峙,众峰耸立,溪水环流,林木茂盛,景致幽雅,系北魏太和十九年(495年)孝文帝元宏为安顿印度僧人跋陀落迹传教而建造,因坐落于少室山林之中,故名"少林"。

但少林寺真正发展兴旺起来是在北魏孝明帝孝昌三年(527年)达摩入住少林之后。据说达摩曾在少林寺后五乳峰上的石洞里终日面壁,持续了9年,由于年深日久,身影投于石上,留下千古传颂的"面壁石"。达摩在少林寺始传禅宗,经二祖慧可、三祖僧璨、四祖道信、五祖弘忍、六祖慧能,终于一花五叶,盛开秘苑,成为中国佛教最大宗门,后人便尊达摩为"禅宗初祖",尊少林寺为"禅宗祖庭"。

隋、唐、宋三朝是少林寺的辉煌时期。隋文帝颇重佛教,在开皇初年将被改名为陟岵寺的少林寺恢复原名,并赐田地100顷,少林寺从此成为一个拥有百顷良田的大庄园。隋末唐初,少林十三棍僧救困助唐有功,受到唐太宗的优厚封赏,赐田地千顷,水碾一具,参战僧人也各有封赐。从此,少林寺名扬天下,被誉为"天下第一名刹",也成了唐朝最高统治者经常驾临游幸之所,高宗、武则天都不断到少林寺游幸,每次都有封赐,并对少林寺大加增建。唐宋年间,少林寺拥有土地14 000多亩,寺基540亩,楼台殿阁5 000余间,僧徒达2 000多人,可谓盛极一时。电影《少林寺》就是根据这些历史改编的。

元朝是少林寺发展如日中天的时期。元初,一代宗师雪庭福裕入主少林,禅宗曹洞法脉重归祖庭,一直传到明末无言正道,其间名师辈出,高僧济济,史称"少林中兴时期",雪庭福裕被尊为"中兴之祖"。从禅宗史传中我们可以看到,少林寺的这段黄金时期,正是曹洞宗的黄金时期,曹洞宗也是这一时期中国佛教的主流。元宪宗蒙哥时,福裕被诏诣帐殿奏对称旨,俾总领释教,授僧都省之符,此即所谓福裕总领天下佛教一事。元世祖忽必烈登基后,又赐福裕"光宗正法"之号。这个时期,福裕在少林寺创建钟楼、鼓楼,增修廊庑库厨,少林寺金碧辉煌,殿宇一新,僧徒云集演武礼佛,号称"众常两千",而且少林寺也得以分建和林、燕蓟、长安、太原、洛阳五个少林分院。雪庭福裕还在少林寺建立了中国传统宗法家族式的结构,增强了少林寺的凝聚力,对少林寺影响深远。从福裕开始,少林寺便按七十字诗法裔辈分,顺序高低,以命法名。福裕后被元帝追封为晋国公,现少林寺塔林正中最大的墓塔即福裕之塔。

明王朝建立后,少林寺继续得到王室尊奉,先后有八位明朝王子出家少林寺,殿宇楼阁屡经修葺,并有所增建。明代是少林武术大发展的时期。明朝时少林僧兵被纳入"民兵"体系,不断奉调镇守边关,执行作战任务。如著名的三奇周友和尚就曾率少林僧兵镇守山陕边关,还曾征讨过云南少数民族的叛乱,被朝廷封为"都提调总兵"。他的墓塔上题的"天下对手,教会武僧",显示了少林武术彼时已在全国具有显赫的地位。月空、小山和尚率少林棍僧抗击日本海盗的故事也流传甚广,并使少林武僧在民间及各种话本中,成为勇敢正义的化身。

清朝初期,少林寺也颇为兴盛,康熙亲自为山门及大雄宝殿书写匾额;雍正时重建山门;乾隆皇帝还亲临少林寺,夜宿方丈室,写下众多的诗词、匾额。

民国时期,少林寺屡遭兵燹,特别是1928年,军阀石友三火烧少林寺,大火延续40余天,寺内建筑文物毁坏严重。

中华人民共和国成立后,特别是近几年,随着旅游事业的发展,少林寺恢复和修缮了大部分建筑和文物,并美化了环境,增添了设施,使千年古刹又呈现出金碧辉煌的局面。

少林寺的主体建筑为常住院,是寺中住持及众执事僧进行佛事活动和起居的地方,也就是人们通常所说的"少林寺"。常住院依山而建,中轴建筑共为七进,即山门、天王殿、大雄宝殿、藏经阁、方丈室、立雪亭和千佛殿,两侧还有六祖殿、紧那罗殿、东西禅堂、地藏殿、白衣殿等建筑,面积30 000多平方米。

山门(三门)系清雍正十三年(1735年)敕修时所建,1974年重修。正门上方横悬长方形黑底金字匾额,上书"少林寺"三字,为康熙四十三年(1704年)御题颁赐。

大雄宝殿原建筑毁于1928年,1986年重建,上悬挂清康熙御书"宝树芳莲"。钟楼、鼓楼坐落在大雄宝殿两侧,共四层,高45米,巍峨雄伟,国内罕见。

法堂位于大雄宝殿后,为高僧讲经说法处,内贮元、明、清三代大藏经及少林拳谱秘籍,明《大藏经》铜版,清《少林寺志》木版,达摩面壁影石,等等。

方丈室是寺中方丈起居与理事的地方,乾隆十五年(1750年)九月三十日,乾隆游少林寺时即以方丈室为行宫,故又称"龙庭"。

立雪亭在方丈室后,为纪念慧可而修建于明正德七年(1512年),殿内供初祖达摩,神龛上方悬挂"雪印心珠"匾额,系清乾隆游幸少林时御题,匾额正中钤"乾隆御笔之宝"印鉴。

千佛殿为少林寺最后一进大殿,也是少林寺现存最大的佛殿,因殿内绘有大型壁画五百罗汉而得名。殿内供毗卢佛,故又称毗卢阁。神龛后面北壁及东、西两壁,绘"五百罗汉朝毗卢"大型壁画。壁画高约7.5米,长约42米,面积约315平方米,构图严谨,形象生动,气势磅礴,世所罕见。殿内地面上,尚有48个脚坑,据传是当年寺内武僧练武所留下的。

慈云堂是少林寺碑石最集中的地方,在山门内甬路东侧,廊内集中陈列有自北齐以来碑石计124品,故亦称碑廊。北齐武平六年(575年)《少林寺碑》、唐永淳二年(683年)《大唐天后御制诗书碑》(王知敬书)、宋宣和四年(1122年)《面壁之塔》(蔡京书)、宋《第一山》(米芾书),元皇庆元年(1312年)《裕公碑》(赵孟頫书)、元至正十四年(1354年)《淳拙才禅师道行碑》、明万历三十七年(1609年)《少林禅师道公碑》(董其昌书)等名碑,皆列其中,可以说这是一座内容丰富的书法艺术宝库,现院内植竹千竿,殿阁掩映,为少林寺最幽静怡人的地方。

塔林位于少林寺院西约300米处,因塔散布如林,故称塔林。塔林是少林寺历代住持和有成就、有贡献的僧人的墓群。这些塔的造型多姿多彩,按层级分,有单层和多层,最多层级为七级,即所谓"七级浮屠",最高达15米;按平面形状分,有正方形、长方形、六角形、八角形、圆柱形等;按型制分,有密檐式、亭阁式、喇嘛式等。塔大多数是用砖石砌成的,亦有用整石凿制而成的,塔体上往往刻有精美的图案和浮雕。塔铭内容更加丰富,每座塔正面都有塔额,标识塔主名号。有的塔后还有塔铭,几位有较大影响的高僧塔边还专门竖立碑石,详细记载塔主的生平事迹、嗣法传承、立塔人、立塔年代等内容。因此,塔林不仅是研究我国古代砖石建筑、书法、雕刻的艺术宝库,而且也是研究佛教史、少林寺史非常珍贵的资料。塔林现存自隋以来各代墓塔共232座,其中隋舍利塔1座,唐塔1座,宋塔2座,金塔7座,元塔43座,明塔139座,清塔10座,当代塔2座,年代不详塔27座,另有残塔和塔基35处,面积达14 000多平方米。除塔林外,少林寺院内及周围还散布着自唐代以来墓塔17座,其中唐塔4座,五代塔1座,宋塔2座,元塔1座,明塔2座,清塔4座,年代不详塔3座,同样具有很高的研究价值。其中法如塔建于唐永昌元年(689年),塔室存碑对早期禅宗史研究价值更大。

初祖庵位于少林寺西北约1 000米的五乳峰下的小山丘上,是宋人为纪念初祖达摩面壁而修建的一座庵院,又称"面壁庵"。三面临涧,古木掩映,为山中胜境;伫立院中,可仰望五乳峰顶达摩洞及大型达摩雕像。现庵院主体建筑有山门、大殿和千佛阁。大殿创建于北宋宣和七年(1125年),历代皆有修葺,主要构件仍为北宋原物,是河南省现存最古老的一座木石结构建筑,在建筑学史上具有极高价值。殿内供达摩及二祖慧可、三祖僧璨、四祖道信、五祖弘忍,东、北、西三壁上尚存人物彩绘23幅,另有5幅已被毁坏,内容为初祖达摩以来36位禅宗祖师,绘制年代约在明末,形象质朴古拙。彩绘以下裙肩石上,以及大殿的12根檐柱、4根内柱、神龛须弥座束腰部分,都雕刻着精美的浮雕,内容包括人物、动物、花卉、山水等,画面非常丰富,造型生动,构思巧妙,意境悠远,刀法劲健,皆为北宋宣和七年(1125年)大殿创建时所刻,距今已有800多年,是少林寺石刻中的珍品。千佛阁为明代初祖庵住持福元创建，阁前有北宋靖康元年（1126年）舍利石函一具，四面有线刻画，刀法流畅自如，堪称上品，图中天王怒目圆睁，或持剑，或执杵；仕女手托花果，姿态优美；鬼王披头散发，凶相毕露。庵院内尚有碑石40多通，其中著名的有宋黄庭坚《达摩颂碑》、宋蔡卞《达摩面壁之庵》、明刻《达摩面壁图》等。

从初祖庵后攀登而上，盘曲周折，约500米，便到达摩洞。洞在五乳峰中峰上部南侧，为当年达摩面壁九年处。石洞深约7米，高、宽3米余，洞外有石坊，明万历三十二年（1604年）造，南额题刻"默玄处"，北额题刻"东来肇迹"，内供达摩塑像一尊。

甘露台在寺院西墙外30米处，相传为少林寺创始人跋陀译经处。当年跋陀与勒那、流支一起，在此共译《十地经论》，天降甘露，因此得名。

少林武功，名扬四海，在我国武术史上占有极为重要的地位。少林武术以实战威猛、博大精深而饮誉天下。少林武术据传源于达摩当年为驱倦防兽、健身护寺而创制的"活身法"，他演练的链、棍、杖、剑等动作套路，被后人称为"达摩链""达摩杖""达摩剑"等。此后他又吸取鸟兽、虫鱼的飞翔腾跃之姿，发展活身法，创造了一套动静结合的"罗汉手"。这套健身术，后经历代长期演练、综合、充实、提高，逐步形成了一套拳术，共达百余种，武术上总称"少林拳"。南北朝以后，随着社会的进步和形势的需要，少林武功向精湛的技击方向发展，开始实行了有组织的、严格的僧兵训练。隋唐之际，少林武功已享盛名，到金元之际，有了较大的发展。元朝末年，红巾军侵扰少林寺，关键时刻，一个老实巴交的厨房杂役僧人，手持一根烧火棍勇敢地站出来，拯救了少林。这名僧人就是后来被少林寺武僧尊为"二辈爷"的紧那罗。金庸小说中屡屡写到少林寺的无名僧人关键时刻站出来，一出手便技惊四座，大概即受此启发。明代以来，少林寺演武之风极盛，史有"谈玄更演武，礼佛爱论兵"的记载。那时凡来少林寺者，都要以观武作为游寺的高潮或结束。明人傅梅有诗赞曰："二室赞元一径通，少林寺在翠微中。地从梁魏标灵异，僧自隋唐好武名。"少林拳是长拳类代表拳种之一。广义的少林拳，指少林派；狭义的少林拳，指嵩山少林寺僧众传习的拳术。少林拳还包括少林寺中传习的兵械。在清朝，少林寺公开的传习内容是易筋经、八段锦，以及一些传统的导引健身术。后民间习武被禁止，少林寺僧练武也转入秘密状态，由明末清初至清咸丰年间，少林拳术逐渐改变了原来重练外刚、主于搏人的特点，开始由外家拳参合内家，内外技法交融，向"内外交修"演进。

"天下功夫出少林"，时至今日，少林寺仍在演绎着它"天下功夫之源"的传奇。2006年，酷爱功夫的俄罗斯总统普京实现了到少林寺访问的夙愿，兴致勃勃地欣赏了少林武僧的表演，亲身领略了少林功夫。这一事件，将少林寺的功夫传奇推向了一个新的高潮。

中国第一佛塔

郑东新区的地标性建筑是会展宾馆,也叫千玺广场,但郑州当地习惯称之为"大玉米"。"大玉米"是一座塔形建筑,其设计灵感即来自嵩岳寺塔。

释迦牟尼在印度创立了佛教,他寂灭以后,人们把他的遗体葬在一种被称为窣堵坡的圆形坟墓中。印度窣堵坡的原型是在一个大的圆形基台上建造覆钵形的圆锥,顶上有围成方形的石栏,中间耸立一根刹杆,串联几个圆盘状的相轮。这一原型随同佛教传入中国后,就开始了中国化的过程,成为中国流行了将近两千年的重要佛教建筑——佛塔。嵩山一带是佛教传入中国后发展最早的地区之一,我国现存最古老的佛寺基本都在这里。因而,嵩山地区很多古佛塔,如法王寺塔、净藏禅师塔等都很有名。但说到佛塔,放眼整个嵩山地区,甚至全中国,建塔时间最早者,当数嵩岳寺塔,它还基本保持着印度窣堵坡的形制。

嵩岳寺位于嵩山南麓、太室山脚下。此地群山环抱,山清水秀,诚一方之胜景。嵩岳寺始建于北魏宣武帝永平二年(509年),原为宣武帝的离宫,后改建为佛教寺院;北魏正光元年(520年),改名"闲居寺",并广为增建,殿宇达千余间,僧众700余人;隋仁寿二年(602年)改名"嵩岳寺";唐朝武则天和高宗游嵩山时,曾把嵩岳寺作为行宫,其时嵩岳寺楼阁相连,亭殿交辉,盛极一时。据唐李邕《嵩岳寺碑》载:"广大佛刹,殚极国才,济济僧徒,弥七百众。落落堂宇一千间。"

但规模宏大的嵩岳寺建筑在后世基本遭损毁,只留下了北魏时所建的嵩岳寺塔。现塔院内大雄殿及两侧的伽蓝殿、白衣殿均为清时所建。嵩岳寺塔建筑年代与闲居寺同时,据《嵩岳寺碑》载:"嵩岳寺者,后魏孝明帝之离宫也。正光元年,傍闲居寺……十五层塔者,后魏之所立也。拔地四铺而耸,凌空八相而圆。"

嵩岳寺塔建于北魏正光四年(523年),是中国现存最早的佛塔,也是唯一一座十二边形塔,为砖筑密檐式,大塔整个外形呈现出优美的抛物线形,设计绝妙,堪称密檐式塔的经典之作。塔外壁直径约10.4米,总高约40米,壁厚约2.4米,塔身平面为十二边形15层密檐,是我国现存各类古塔中的孤例。全塔由基台、塔身、密檐和塔刹组成,用青灰条砖垒砌,塔身中空,呈筒状。各塔层之间均有壶门、窗棂、雕兽等,精巧独特,雄伟壮观,形制独特。这样的十二边形塔在中国现存的数百座砖塔中,是绝无仅有的。同时,这种密檐形式在南北朝时期也是少见的。

嵩岳寺塔建在低平的基座上,塔身分为两段。下段比较简单,仅在四正面有门道;上段四正面券门与下段门道通,券门上有印度式火焰券门楣,其余八面各砌出一座单层方塔形壁龛,各转角处砌壁柱。中部是15层密叠的重檐,用砖叠涩砌出,内部是一个砖砌大空筒,有几层木楼板。最高处有砖砌塔刹。嵩岳寺塔的轮廓线各层重檐均向内按一定的曲率收缩，轮廓线非常柔和丰圆，饱满韧健，塔内似乎蕴藏着一种勃勃生气。

汉地佛塔主要有楼阁式和密檐式两种。楼阁式其实就是一座楼阁，在楼顶加上一个缩小了的印度窣堵坡。楼阁式塔可以是木结构，也可以是砖石结构，都能够登临。密檐式都是砖石结构，是将窣堵坡的相轮大大夸张，并代之以中国楼阁的重重屋檐，密密相接。此外，还有单层的亭式塔和华塔，前者多用作高僧墓塔；后者在晚唐至宋主要在北方流行，特点是塔顶特别巨大，象征佛经所说的"华严世界"。嵩岳寺塔近于圆形的平面，分为上下两段的塔身，表明它还与印度窣堵坡比较接近，是密檐塔的早期形态。该塔虽高大挺拔，却是用砖和黄泥砌成的，塔砖小且薄，历经千余年风霜雨露侵蚀依然坚固不坏，至今保存完好，充分证明我国古代建筑工艺之高妙。

嵩岳寺塔自建成至今，已历经近1 500年，其造型之优美、工艺之高超，至今令人叹为观止。可以说，无论在建筑艺术方面，还是在建筑技术方面，嵩岳寺塔都可以说是中国乃至世界古代建筑史上的一件珍品。

嵩阳书院

在历代开国帝王中,宋朝皇帝应该算最为仁慈的。黄袍一加身,自己结义兄弟的年轻儿子就主动让出了皇位,赵匡胤兵不血刃地当上了开国皇帝。此后,宋帝只是借着酒劲让他的开国功臣交出兵权去做富家翁,而不像其他开国皇帝般大肆"屠狗"。为避免"黄袍加身"的一幕在其他大臣的身上重演,宋朝皇帝偃武修文。因此,宋一代,文风极盛。北宋时,全国有四大书院,分别是河南嵩山的嵩阳书院、河南商丘的应天书院、湖南长沙的岳麓书院、江西庐山的白鹿洞书院。

嵩阳书院位于登封市城北3 000米处,东西有山岭环抱,前面有两道清溪汇合,蜿蜒东南入颍,名双溪河。书院位于嵩山之阳,背靠峻极峰,南面是开阔的良田,举目四望,可仰观嵩岳诸峰,俯瞰登封全景,诚一方修身读书之胜地。嵩阳书院原名嵩阳寺,创建于北魏太和八年(484年),隋大业元年(605年)更名为"嵩阳观"。唐弘道元年(683年)春、冬,高宗两访潘师正,以嵩阳观为行宫。五代后唐清泰元年至三年(934—936年)进士庞士曾在嵩阳观聚德讲学。后周时书院改名"太乙书院";宋至道年间(995—997年)赐名为"太室书院",并赐九经子史,置校官,生徒数百人;宋景祐二年(1035年)赐名为"嵩阳书院",并设院长掌理院务,拨学田百亩以供开支;金大定年间(1161—1189年)更名为"承天宫";明重修后复改为"嵩阳书院",并建二程祠。清康熙十三年(1674年)知县叶封重修,清康熙十六年(1677年)耿介又复兴书院并增建修补。耿介亲自执教,传经授业,成绩显著。嵩阳书院经金、元、明、清多次增补修建,逐渐形成规模,布局日趋严整。特别是清康熙年间(1662—1722年),先后修建了先贤祠、先师殿、三贤祠、丽泽堂、藏书楼、道统祠、博约斋、三益斋,并增设场垣。

嵩阳书院历史上曾是佛教、道教道场,后为儒家独占,成为儒、释、道荟萃之地。北宋儒家"洛学"大师程颢、程颐在此聚众讲学,并创立"二程理学",使书院名声大振,嵩阳书院也以理学著称于世。理学是儒学在批判和吸收佛教、道教思想基础上的理论重构,其产生标志着儒学理论的成熟。作为革新了的儒学,理学在内容上吸收了佛教和道教的一些命题、观点,并利用了佛教、道教的抽象思辨,借鉴了佛教、道教的传播形式。理学能在嵩阳书院产生,与此地儒、释、道的充分交融有着密切的关系。嵩阳书院一直是重要的儒学传播圣地,二程之外,宋代名儒司马光、范仲淹、韩维、李刚、朱熹、吕晦等也曾在此讲学。

嵩阳书院建制古朴雅致,与寺院不同,它多为滚脊硬山房,覆以灰色筒瓦,现有房舍 100 余间,面积 10 000 余平方米。书院内中轴线共五进,分别是大门、先圣殿、讲堂、道统祠和藏书楼。先圣殿内祀孔子及四大弟子像,道统祠内有尧帝、大禹、周公像,藏书楼原为存放儒家经典的书房。在讲堂之后有泮池,为儒家弟子中举之后回来绕行怀念宗师孔子的地方。中轴线两侧的配房,分别为程朱祠、丽泽堂、博约斋、碑廊等。

嵩阳书院内有两株古柏,举世罕见。史载西汉元封元年(前110年)汉武帝刘彻游嵩岳时,见一棵柏树身材奇伟,枝叶茂密,仰望良久,封之为"大将军"。他继续前行,见一棵柏树比"大将军"还大,武帝颇懊悔,但自己贵为天子,不容改口,遂封其为"二将军"。"大将军"高兴得大笑,笑弯了腰,成了弯腰树;"二将军"心生闷气,肚子气炸,变成了空心树。武帝所封的"三将军"明末被火焚毁。以上传说或为笑谈,但两株古柏高达10余米,"大将军"围粗近6米,"二将军"因树干开裂,围粗近13米,自授封至今已有2 000多年。据植物学家测算,"二将军"树龄在4 500年以上,乃原始柏,是中国现存最古老的柏树。嵩阳书院内现有《汉封将军柏图碑》一通。

嵩阳书院大门外西南侧竖立有一座唐碑,即《大唐嵩阳观纪圣德感应之颂碑》,为唐天宝三年(744年)为纪念嵩阳观道士孙太冲为唐玄宗李隆基炼取仙丹、医病健身而立。碑上的文字雕刻精美,刚柔适度,碑文为李林甫所撰,著名书法家徐浩所书。徐浩书以八分隶书,笔法俊逸遒劲,为唐隶中之佳品。石碑由三部分组成,碑下部为精雕长方形石座,四面刻有十个石龛:前后各三,两侧各二,龛内有十座浮雕武士像。中部碑身上刻碑文。碑首分三层,上层为素面的束腰带座宝珠,宝珠两边,有两只卷尾石狮,后脚盘蹲在宝珠的基座上,前爪把持宝珠,狮嘴吞吻在宝珠上面,栩栩如生,十分壮观;中层较大,上面雕有连续的大朵云气图案;下层的底座稍大于碑身,前面篆刻额文,额文两边雕有双龙、麒麟。该碑雕工精细,练达圆熟,是唐代石刻艺术之珍品,也是研究嵩阳书院历史及宗教的不可缺少的史料。此碑是河南省现存最大的碑刻,在中国书法史上具有重要价值。此外,嵩阳书院北宋黄庭坚的《诗碑》,明代的《四箴碑》《石刻登封县图碑》等刻石,均雕工精细,堪称艺术珍品。

2005年,被誉为"中岳第一碑"的嵩阳寺碑重返嵩阳书院。嵩阳寺碑刻立于东魏天平二年(535年),是中岳嵩山迄今为止发现的年代最早的石碑。此碑于唐麟德元年(664年)被移到3 000米外的另一座寺院内,现由文物部门移回,并修建碑亭加以保护。

儒学对中国以至东亚、世界有着极广泛的影响,嵩阳书院至今仍是儒学家心中的圣地,人们以能亲临此地为毕生荣幸之事。

天下第一山神庙

天下诸山,以五岳为尊。嵩山居天下之中,号为"中岳"。历代帝王,以天子自居,每遇大事,便到名山大川封禅祭拜。中岳也许因占了一个"中"字,有中正之意,故更得历代帝王青睐。据史料记载,自西汉元封元年(前110年)到清乾隆五十二年(1787年),前往嵩山封祭的就有120位天子和重臣,远非其他诸岳可比,更遑论其他诸山。因此,中岳庙在中国众多庙宇中有非常独特的地位,建筑规模相当庞大,颇具"王者气派"。

中岳庙位于嵩山南麓的太室山脚下,背倚黄盖峰,面对玉岸山。中岳庙给人的突出印象就是一个"大"字:规模大、庙宇大、神像大、气魄大。如此宏大而又幽雅庄严的庙宇在全国也很罕见,是河南省,也是五岳之中保存最好、规模最巨、最为完整的古建筑群。

嵩山被称为"中岳",是从东周开始的。在周平王东迁之前,中岳是现在的西岳华山,那时的西岳是现在的岳山(宝鸡吴山)。公元前770年前后,周王朝受到西北少数民族的威胁,周天子决定把都城由关中平原迁到洛邑,即今河南洛阳一带。当时,周天子命人观测发现,三千里江山的中心在阳城,即今河南登封附近,而嵩山正好就在这里。于是嵩山被称为"中岳",成为"万山之王",与东岳泰山、西岳华山、南岳衡山、北岳恒山并称"五岳"。

先秦时期,为祭祀太室山神,这里修建了太室祠,此即中岳庙之前身。到了汉代,开疆拓土建立了不世功业的汉武帝,晚年为生命的渐逝忧心不已,热衷于神仙方术,渴望成仙永生。元封元年(公元前110年),汉武帝游览并祭拜嵩山,在登上太室山时出现了奇迹:山下隐隐传来三呼"万岁"的声音。其实,这也许只是方士们为博得武帝欢心而设的一个骗局。但贪图长寿的武帝以为是山神所呼,必有深意,遂龙颜大悦,下令叫祠官增建太室神祠,禁止砍伐山上的树木,并封太室山为"嵩高山",简称"嵩山",以山脚下三百户人家为奉邑,名"嵩高邑"。从此,居于天地之中的嵩山有了一种象征意义,在天下诸山中具有了特殊的地位。据说,武帝回到朝廷,规定以后文武大臣凡上朝参拜,必须口呼"万岁万岁万万岁",后世成为定制,称皇帝为"万岁"盖源于此。

东汉元初五年(118年),又在太室祠前建造中岳太室阳城神道阙和石翁仲雕像。北魏时,祠址经过三次迁移后,定名为"中岳庙",从此由道教管理,成为道教在嵩山地区最早的基地,因认为是周朝王子晋的升仙之处,被尊为"第六小洞天"。王子晋,又名王子乔,传说是周灵王的儿子,喜吹笙作凤凰鸣声,游于伊洛之间。那时嵩山有一个道士叫浮丘公,接他上嵩山。几十年后,有人在山中见到他,他要大家七月初七在缑氏山头等他。那日,果然见他驾白鹤盘旋数日后离去,于是后人在缑氏山和嵩山顶上都建立了神祠纪念他。据《道学传》说,道教创始人张道陵曾在嵩山修道9年。南北朝时,又有著名道士寇谦之在此改革"五斗米道",创立"新天师道"。峻极门东侧的《中岳嵩高灵庙碑》就是当年刻立的,碑文记载寇谦之修中岳庙和传道的事迹,是关于这位名道最早的记录。此后,历代还有不少知名道士在这里主持过道场。峻极门东侧还有《五岳真形图碑》,这一座高3米的碑石雕刻着象征"五岳"的图像,为明代万历年间(1573—1620年)所刻立。据道教经典《云笈七签》说,五岳真形图是道士入山辟邪的护身符,一切妖鬼虫虎都不能近。如今郑州市道教协会就设在中岳庙,每年农历三月和十月庙会热闹非凡,至今不衰。

唐代是中岳庙的鼎盛时期。武则天可能是对嵩山最为情有独钟的一位帝王,多次到嵩山封禅。唐垂拱四年(688年)七月,武则天改称嵩山为"神岳",封岳神为"天中王",配"天灵妃"。天授元年(690年)九月,武则天改国号为周;天册万岁元年(695年)腊月,武则天封禅神岳,改元"万岁登封",尊岳神天中王为"神岳天中皇帝",天灵妃为"天中皇后",并改嵩阳县为登封县(今登封市)。1982年5月25日下午,登封一农民在一块大石头下发现了一枚金简,经考证,正是1 000多年前武则天投放在嵩山的。金简上刻:"大周囻(国)主武瞾好乐真道,长生神仙,谨诣中岳嵩高山门,投金简一通,乞三官九府,除武瞾罪名。"一个气魄宏大的帝王,对嵩山的敬畏谦卑之情溢于言表。

唐开元年间(713—741年)中岳庙定位今址,后无大改。北宋建立后的第四年(963年),太祖赵匡胤便令祠官为岳神制作衣冠剑履,岳神的冠戴衣着沿袭至今。太宗赵光义太平兴国八年（983年），赠五岳封号，尊中岳之神为"中天崇圣帝"，帝后封"正明"。真宗赵恒大中祥符六年（1013年）始，用两年时间增修庙中殿宇、碑楼等850间，塑各神像、装修新旧壁画470所，中岳庙规格之高由此可以想见。经过唐、宋的大力整修，中岳庙已形成了"崇墉缭绕，屹若云连"的规模。金、元、明、清历代也不断对中岳庙加以维修，清乾隆年间（1736—1795年）更依皇宫格局大加修整，又设宜道会司，以掌管登封全县的道教事务。乾隆十五年（1750年）十月初一，乾隆至中岳庙致祭，当夜御制《谒岳庙》诗二首，其一云："正正堂堂地，巍巍焕焕京。到来瞻气象，果足庆平生。惬我长年愿，陈兹祈岁情。忽闻鸾鹤韵，疑有列仙迎。"

中岳庙现存庙制基本上保留着清代重修以后的规模，依山势，由南向北，由低到高，逐层组建，左右对称，前后高低相差37米，庙院南北长650米，东西宽166米，占地面积107 900平方米，中轴建筑有七进十一层院落，中轴线东西侧有6座宫院，现存古建筑514间。中轴线建筑从南向北顺次为中华门、遥参亭、天中阁、配天作镇坊、崇圣门、化三门、峻极门、峻极坊、大殿、寝殿、御书楼，最北以黄盖亭为终端，站在亭内可俯瞰中岳庙全景，远眺苍翠群山；中轴线两侧建有太尉宫、火神宫、祖师宫、神州宫、小楼宫等。中岳庙大殿为河南省现存最大的古代单体木构建筑，也是五岳庙中面积最大、规格最高的殿宇。

中岳庙在中国五岳名山庙宇中存古柏最多，共有汉、唐以来的柏树2 930余棵,其中汉至清代古柏330多株,柏树造型奇特,千姿百态。中岳庙现存东汉、北魏、唐至清代的金石铸器119件,其中金石造像36尊,碑碣83品。其中《中岳嵩高灵庙碑》是我国道教刻立的第一品石碑,刻立于北魏太安二年(456年),字体遒劲,笔调古朴,是书法艺术之珍品,为历代金石学家所推崇。宋代铸造的四个镇库铁人,高约3米,握拳振臂,怒目圆睁,是我国现存形体最大、保存最好、造型最佳的铁神像,弥足珍贵,被奉为中岳嵩山的"镇山之宝"。

常言道:"五岳归来不看山。"近年来,人们崇尚自然,对一些新开发的景色优美的自然山水更加钟情。但"五岳"的那种文化底蕴却是其他名山无论如何也不具备的,特别是到了嵩山,到了中岳庙,更能深切地体会到这一点。

中华第一寺

天下叫慈云寺的古刹伽蓝有很多，之所以称慈云，是因为佛之慈心广大如云，荫庇世界。在北京，慈云寺是一个大家都熟悉的地名，江苏的淮安及其他很多地方也都有叫慈云寺的。而香火依然旺盛的，大概要算号称"关北巨刹"的山西天镇慈云寺和重庆狮子山慈云寺了。在相对偏远的地方，如贵州青岩、辽宁凌源、内蒙古巴彦淖尔、台湾阿里山等地也都有慈云寺。而北国酷寒之地黑龙江依兰也有一座慈云寺，它建寺较晚，之所以出名，据说是因为金灭北宋后，把俘虏的徽宗、钦宗二帝押到这里囚禁，大宋两位极具艺术天赋却乏治国才能的皇帝，就在这里开始了坐井观天的生活。而在江苏震泽，慈云寺和慈云塔也非常有名。据说就在徽宗、钦宗二帝于依兰坐井观天的时候，慈云公主避难于震泽，常于此塔遥望北方，祈盼父兄早日南归，此塔遂名"慈云塔"。在福建福州、江苏淮阴、四川金堂等地，慈云寺也都是一方名刹。天下慈云寺虽多，但追踪溯源，可能都要奉河南巩义青龙山慈云寺为鼻祖。

青龙山慈云寺位于河南巩义东南大约 15 千米处，四山旁围，一水中流，峰峦联亘，林木掩映，寺院坐北面南呈长方形，现存鼓楼、白衣阁、山门、大雄宝殿等遗址和明、清碑刻 37 通。

在中国,白马寺一向被称为"释源""祖庭",盖因东汉永平七年(64年),印度高僧摄摩腾、竺法兰被迎往洛阳,安排在鸿胪寺,也就是现在所谓国宾馆,后在此建立了中国第一座官方寺院——白马寺。白马寺是中国第一座官方寺院,但建立之初,大约更像宾馆,与印度高僧心中远离尘嚣的寺院有较大出入。于是两位高僧依印度沿恒河寻找清静处传法的习惯,沿青龙山(当时叫天灵山)的青龙河向上游寻找。后来,他们来到一处由53座山峰环绕,前有河水汇流成潭的半月形平地,十分满意,遂搭房结庐,开辟道场,并在此基础上形成寺院。据寺内碑载:"汉明帝永平七年,有僧(摄)摩腾、竺法兰始建白马寺于洛阳城西,既而云游其山,因其山川之秀,遂开慈云禅寺。"由是观之,慈云寺可以说是中国第一座真正意义上的寺院,堪称"中华第一寺"。

到东汉末年,洛阳成为战乱中心,董卓毁掉洛阳后自己也被刺,埋在慈云寺附近(今董陵村),慈云寺在战乱中也被损毁殆尽。及曹丕在洛阳称帝,又重新营造宫殿。此后佛教渐兴,洛阳周围修建了众多寺庙,慈云寺香火再盛。但"八王之乱"不仅祸及洛阳,也殃及慈云寺。北魏孝文帝等极为崇佛,在洛阳龙门、巩县(今巩义市)大力山凿窟、造像、修复寺院,慈云寺也日趋兴隆。少林寺就是在此时建立起来的。因少林寺位于慈云寺南边,二寺相邻,慈云寺又系"祖庭",僧众来往频繁,续焰排字,相互支持,因而至今慈云寺的古碑上仍记有"祖风是务,佛日增光,少林共祖,白马同乡"的铭语。后世所谓"南院尚武,北院习文",大意是说修习禅宗武学在南边的少林寺,研修佛学则在北边的慈云寺。

　　隋文帝杨坚出生于尼姑庵,在尼姑智仙抚育下于庵中生活了13年,对佛教的感情非同一般。统一天下后,他诏告臣民任听出家,并令各地按人口出钱建寺造像。在这股崇佛的潮流中,有一个叫陈祎(一说陈袆)的官宦子弟随兄长到巩县净土寺(今巩义市石窟寺)出家,并在隋炀帝迁都洛阳后举办的大型佛事活动无遮大会上被选中,成为正式被度为僧尼的120人之一,仍在净土寺(今石窟寺)随师诵经。19岁时,他与仲兄陈长捷奔洛阳,又到长安。这个陈祎,就是后来去西天取经的唐玄奘,在巩县(今巩义市)出家的他对慈云寺应该非常熟悉,也许还十分敬慕。唐贞观十九年(645年),玄奘自印度取经回来,不久就到慈云寺,亲自开演大法,广度迷津,并奉旨重修了慈云寺。玄奘主持慈云寺有两年之久,他本想在家乡的寺院译经,但此时的玄奘已深得皇帝宠信,时时出入宫廷,唐皇希望他留在京城,所以他后来还是到了都城长安。但在慈云寺的两年里,他取经路上的种种故事渐渐在僧众中传开,并被寺院周围的群众结合慈云寺一带的险峰深洞,赋予了浓厚的传奇色彩。到了明代,一个叫吴承恩的科场失意者来到慈云寺,听到这些故事极感兴趣,就在寺里住了下来,认真收集整理这些传说,后来创作了著名的小说《西游记》。

　　宋朝的开国皇帝赵匡胤也很崇佛,他亲自选定的皇陵就在慈云寺附近的青龙山之阳,并敕令对慈云寺重新修建,使之成为受国家保护的重要寺院。

元朝禅宗中的临济、曹洞二宗得到一定程度的发展，少林寺盛极一时，而与之相邻的慈云寺也在元代由世祖忽必烈和顺帝妥懽贴睦尔分别下令修建，至今存有两方元代塔铭和部分石刻。

明朝是慈云寺的鼎盛时期，前后修建达10次之多。其中第二次大修耗资甚巨，时长沙太守之子、国家最高佛院北京大能仁寺国师弘善妙智的高徒南宗顺，从北京寻访"祖庭"至此，决意在此修行，遂从景泰六年(1455年)秋至天顺二年(1458年)夏，历时近三年，奠定了慈云寺的基础和规模。此后屡经增建、重修，慈云寺盛极一时，号称"远公之庐山，达摩之少林，未逾此也"。

清顺治至乾隆年间，慈云寺又进行了10多次修补，其中从乾隆四十八年(1783年)后动工时间延续达10多年，工程较大。此后，慈云寺渐渐颓败。

作为中国最早的佛寺之一，慈云寺历经千年的风雨，也见证了兴衰荣辱，尽管已不像很多寺院那样名声显赫，但其深厚的文化内涵是其他寺院所不具备的，因此，在其价值日益被大家认识的同时，人们对其兴趣也更趋强烈。

北宋皇陵

北宋皇陵位于今河南省巩义市嵩山北麓与洛河间的丘陵和平地上,北起孝义镇,西至西村镇,中贯芝田镇,面积约30平方千米。宋时,这里位于东京汴梁与西京洛阳之间,依嵩山而靠邙岭,临黄河而傍洛水,自古以来就是中原核心地区通向全国的交通要道和战略重地,也是难得的风水宝地,故有"生在苏杭,葬在北邙"之说。

宋朝开国皇帝赵匡胤登基后派其弟赵光义兼辖五使事,修奉新陵。赵光义吸取周礼和汉、唐陵制部分特点,以当时流行的"五音姓利"堪舆术,在巩县(今巩义市)选择了利于赵姓角音、木行、丙壬方向、西北水来、东南穷起、北低南高、山环水抱的地方,作为皇家陵墓兆域。宋乾德元年(963年),赵匡胤将父亲赵弘殷和母亲杜太后的陵墓迁至巩县西南40里的訾乡邓封村,建立了宋陵唯一的夫妻合葬墓——永安陵。

宋开宝九年(976年)三月,赵匡胤视察西京洛阳,回东京途中,到巩县祭奠父母,祭后登上神墙西南角楼,抽出一支响箭向西北射去,说道:"人生如白驹过隙,终须有归宿之地,今日箭落之处,即我百年后长眠之所。"然后他亲拟陵名"永昌"。当年十月,赵匡胤死于京城,翌年四月,奉葬在他自己选定的永昌陵。

继承兄长皇位的赵光义,执政 22 年后,于至道三年(997 年)三月死于箭伤,十月葬于永熙陵。之后,除宋徽宗赵佶、宋钦宗赵桓被掳到金国漠北的苦寒之地并葬身异乡外,北宋有七个帝王及被追尊为宣祖的赵匡胤之父赵弘殷均葬于此,世称七帝八陵。按照埋葬时间的先后,八陵的顺序依次是:宋宣祖赵弘殷的永安陵、宋太祖赵匡胤的永昌陵、宋太宗赵光义的永熙陵、宋真宗赵恒的永定陵、宋仁宗赵祯的永昭陵、宋英宗赵曙的永厚陵、宋神宗赵顼的永裕陵、宋哲宗赵煦的永泰陵。

北宋时期国家权力高度集中于皇帝,这给后妃参与政事提供了便利。如刘皇后曾临朝听政长达 11 年,死后谥"庄宪明肃",史无前例。在这之后宋代凡临朝称制的皇后,谥号都由以前的两个字增加到四个字,反映了皇后的政治地位在封建礼法上得到了承认。北宋后妃政治地位的提高,反映在陵寝制度上,表现为皇后单独起陵。巩义宋陵区共有 21 个后陵,建制和帝陵相同,仅仅是规模略逊。

此外,宗室贵族、功臣名勋,如高怀德、赵普、曹彬、蔡齐、寇準、包拯、狄青、杨六郎等,也安葬于此,形成了一个规模庞大、气势雄伟的皇家陵墓群。

北宋皇陵墓在设计上十分规范,改变了历代帝王陵各不相同的局面。七帝八陵在方位上皆是北低南高,方向上皆在北偏西 5 度到 10 度之间;帝陵皆为方形三级;附葬的后妃皆在帝陵西北方。葬期皆为皇帝死后 7 个月、皇后死后 4 个月。帝陵、后陵均以陵台为主体,四周为正方形神墙,神墙四隅建角阙,四面设门,门侧有阙台,门两边各有蹲狮2尊。神道两边皆以规范的雀台、乳台、石像生及上马石组成。帝陵石像生为60件,后陵石像生为30件,而且周围绿化皆以传统的柏树为主,间以松树,陵与陵之间皆以枳树条带为标志。

北宋陵制取法唐陵而有所变化,帝后陵墓、显贵陵墓的地面建有宫殿和庙宇,建筑前设置圆雕人物和动物石刻组群,形成纵横数十里的巨大陵区。每个帝陵各有望柱一对、石象一对、驯象人一对、瑞禽一对、甪端一对、石马二对、控马官四对、卧虎二对、卧羊二对、外国客使三对、武臣二对、文臣二对、镇陵将军一对、上马石一对、内侍一对、宫人一对,神城东、西、北各有蹲狮一对,南神门外则有走狮一对,此外帝陵北部的下宫尚有蹲狮一对、上马石一对。望柱皆为方基莲花座,柱身八棱,其上单线阴刻云龙、牡丹、菊花等纹饰;石象造型高大,长鼻着地,形象逼真;驯象人造型比例准确,均为外国服饰;客使的服饰、脸型均表现了外国与少数民族的特点;武臣、文臣皆为宽袍大袖,头上有冠,文臣持笏板,武臣挂剑;镇陵将军各个肌肉健壮,身躯高大,全副戎装,挂剑或执斧钺。就石雕建制而言,宋陵亦较唐陵达于完善,增设了象与驯象人、虎、羊、客使、镇陵将军、宫人、内侍,甪端代替了飞马,整个定制、组合、变化、布局更加符合皇权的需要,充分表现陵墓主人的神圣、威严、吉祥和牢固统治。所有石象均采用圆雕与线刻结合的手法,既雄伟又细腻,各有特色,刀法纯熟,造型生动。

宋陵石雕在前代基础上博采众长，树立了自己独特的风格，有着鲜明的艺术特色，这就是写实中有夸张，静中有动，形神兼备。宋陵石雕的精细刻画是以前历代陵墓石雕所不及的。写实倾向贯穿于宋陵石雕创作的全过程，从早期到晚期，无论人像还是动物作品都沿着这一倾向趋于成熟。可以说，遗存在巩义的上千件宋陵石雕，是我国极其宝贵的文化遗产，在中国雕塑史上占有无可争辩的重要地位。

留　　余

　　康百万庄园位于巩义市康店镇,是明、清、民国时期康百万家族陆续修建的一座大型地主庄园,与刘文彩庄园、牟二黑庄园并称为中国三大庄园,占地面积约是山西乔家大院的19倍。

　　康百万庄园背依邙山,面临洛水,北凭黄河,南守黑石关天险,其围墙环绕山腰一周,是一座与外界隔绝的砖石结构城堡型建筑。庄园内有33个院落,53座楼房,1 300多间房舍和73孔窑洞,分为储藏室、工作间、祖先灵堂、饲养牲口区等,占地总面积为64 300平方米,是一座非常庞大的、综合性的、保存最完整的古代建筑群。

　　康百万庄园的建筑特点是临街建楼房,靠崖筑窑洞,四周修寨墙,濒河设码头,集农、官、商风格为一体,院院独立,又院院相通。整个建筑既有窑洞、四合院等地方民居建筑的特色,又吸纳了园林建筑、官式建筑和军事建筑的风格,布局严谨,规模宏大。庄园分为寨上住宅区、寨下住宅区、南大院、祠堂区、作坊区、菜园区、龙窝沟、金谷寨、花园、栈房区等部分。庄园的外观看起来特别朴实,但内部建筑和装饰十分豪华、精致,各类砖雕、木雕、石雕、家具、饰件琳琅满目,设计独到,做工精湛,令人叹为观止。庄园内保存有各种陈设品和生活用具,如雕花楠木顶子床、雕花神主橱、满汉全席餐具等,都有康家用过的旧物。其中雕花楠木顶子床,耗工1700多个,从上到下,从里到外,采用各种雕刻形式,共雕有"麒麟送子""双猩舞绳"等36幅图案,由17个部分组成,拆开可以搬运,结合在一起可以使用,不仅有供主人休息的地方,也有供丫鬟伺候主人的地方,是顶子床中的精品。康百万庄园为我们提供了宝贵的古代建筑实物资料,它的砖雕、木雕、石雕艺术,具有很高的艺术价值。

康百万庄园从明万历年间开始兴建,经清而至民国,历经340多年,成为康家连富12代的历史见证。

巩县(今巩义市)康店的康家是明朝初年由山西迁来的康守信开枝散叶而来。康家一直以农为本,耕读传家,除种植粮食,也种植棉花,外销营利,家道日渐殷实。到第六世康绍敬时,康家已人丁兴旺,家运昌盛,拥有大片土地。重要的是,康绍敬曾任洧州(在今长葛市境内)驿丞,后晋升为山东东昌府(今山东聊城)大使,这两个职务虽不算高,但作为管理地方水陆交通与官盐、税务、仓库的官员,为他利用明代实行的"开中法"(即以盐为中介,推动边防及内地和重要仓库运输的办法)从事商业活动提供了机会。明、清两代改变了前朝盐业官办的做法,"行盐之法"主要由官督商办,商与官交往甚密。于是康家得以在山东、河南之间经营盐、粮、棉,并为康家历代经营山东打下了坚实基础。

康氏的勃兴应该是从"康朱联姻"开始的。明末,李自成攻破洛阳,福忠王朱常洵被杀,其子朱由崧即后来的弘光皇帝逃往怀庆,朱由崧的妃子李氏带着孩子流落到康店,后将女儿嫁给了康复吉。康复吉生子康惠,康惠生子大勇、大椿、大鉴。康大勇作为弘光皇帝的重外孙,自不愿入仕清廷,于是毅然放弃功名,打破传统"士不经商"的世俗观念,利用清康熙皇帝重漕运、藩镇的机会,毅然改变在洛河做生意的传统习俗,大河行船,开辟山东基地,使康家的经济势力范围由中原扩大到鲁南广大地区和江、淮沿河一带,故世有"先有康大勇,后有兰水城"之说。大勇之子士路、大勇之孙应魁继承其事业,继续开拓,康家航运船队和商业门店不断发展壮大,并与土地兼并互为依托,使其商业活动有了雄厚的物质基础。特别是康应魁贿通清廷百万大军的将领勒保等人,供应全军棉花、布匹,发了10年横财,开辟了三原、泾阳、富平等棉花基地,故有"先有康崇公,后有泾阳城"之说。加上先人在山东购置的资产,康氏家族土地达120平方千米,再次挂千顷牌。"富甲三省,船行六河""头枕泾阳、西安,脚蹬临沂、济南,马行千里不吃别家草,人行千里尽是康家田",就是这个时期叫出来的。

此后,康道平利用清廷镇压捻军之机,组织团练,垒砌寨墙,使捻军未逾康店一步,受到河南官绅以至清廷重要官员赏识,现在保留下来的大量石刻中,有许多都是当时朝廷大员的颂辞,这使康家名声大振。光绪二十七年(1901年),慈禧、光绪由西安回銮北京,路过巩县。康鸿猷独家斥资在康店村南的黑石关修建了行宫,大肆铺张,迎驾两宫,并献上大量金银珠宝,或说献银100万两。此事连慈禧也甚觉惊异,说道:"没承想,这山沟里还有百万之家。"光绪二十九年（1903年），康家得到了一块朝廷赏赐的金匾，上书"神州甲富康百万"。康家由是被称为"康百万"，名扬天下。

康家虽靠经商致富，但总体上尚没有脱离"农本"思想，农、商、官结合，相辅相成。在经营上，康家基本采用了"以点连面，长藤结瓜，相公负责，栈栈开花"的方式。巩县是康家的大本营，但他们在山东、陕西另辟了两个基地。康家认为，"天下平安丰收者十之一，灾荒战乱者十之九"，所谓东方不亮西方亮，在离家较远的地方建基地，即使某个地区有自然灾害或者兵荒马乱，另一个地方也可以补充，以保永久不败，因而康应魁在陕西说："宁舍巩县，不舍泾阳。"另外康百万历代重视网罗人才，经过考验、磨砺，分别命以老相公（总管）、大相公（分区负责）、相公（各栈房）、小相公（业务人员或重要勤杂人员），负责在各地开设的栈房，不仅管做生意，还兼管当地所置土地的收租及买卖，使康家的财富如百川归海，滚滚而来。

康家之所以能历数百年而不衰，在于他们一直秉持"留余"的经营理念，即无论做什么事，都要留有余地，不要把事情做绝了。今天，康百万庄园东院过厅中还高悬着一块"留余"匾额，此匾被选为"中国名匾"之一，由清朝翰林牛瑄撰写。"留余"匾上题有所谓"四留铭"：留有余，不尽之巧以还造化；留有余，不尽之禄以还朝廷；留有余，不尽之财以还百姓；留有余，不尽之福以还子孙。康家的家训也说："临事让人一步，自有余地；临财放宽一分，自有余味。"秉此理念,康家在赈灾济贫、捐资行善等方面的做法,一向为人所称道。中国向有为富不仁、无商不奸之说,而康百万家族的数百年兴盛及其处事原则,的确值得我们三思回味。

北庄的胜迹

岁次丁酉,时在金秋。重阳将至,正是登高赏秋的好日子,我应约到巩义涉村镇赏红叶。

巩义是杜甫的老家,我曾多次到笔架山前杜甫出生的窑洞"朝圣",印象中的巩义带着黄土地貌的明显特征。巩义一带是黄土高原向东部最后的延伸,正处在中国二、三级阶梯交接处。笔架山是由黄土切割而成的一座土山。黄土高原地区总体上缺水少雨,这样的地貌通常不会有很好的植被。深秋时节,多种树叶经霜后都会变红、变黄。我想,巩义的红叶大约就是这样吧,内心并未对此次巩义之行抱有太高的期待。

距重阳节还有两天,本来说好去巩义的,四川几位朋友来访,我只好推迟行程,先款待远道而来的朋友。席间谈起四川的一个个作家朋友,拨通电话叙叙友情,却是替这个带一杯,替那个敬一杯,不知不觉间竟有些醺醺然,然后就这么迷迷糊糊被拉到了山里。

早上醒来,发现自己睡在一孔石窑内。虽是石窑,房内的布置却融进了多种现代元素,卫生间干净整洁,居住环境让人觉得非常舒适。原来这里就是早就听说过的石居部落。

石居部落在巩义市涉村镇北庄村,这里与杜甫的老家瑶湾虽然同属巩义,地貌却不相同。涉村镇这里属于山区,从大的地理范围上说,是在嵩山之阴。中岳嵩山是名山大山,石居部落这里也是层峦叠嶂,山高谷深,更难得的是,植被也相当好,深秋层林尽染的时节,自然是赏红叶的好去处。看来我来之前的想法是有些想当然了。

我所住的石窑,原本是当地农民的民居。这里的山民世世代代采石筑窑而居,石质的窑洞坚固异常,经年不坏。近年来北庄村这里的农民在富裕起来之后,大多移出深山,走进城市,100余孔窑洞就这么被闲置起来。2016年春天,红太阳集团董事长徐滟被这里的自然风光和民风民俗吸引,决定在这里开发旅游项目。首先进行的就是对石窑进行保护性开发,将民居民宿与现代酒店管理结合起来,打造一个富有特色的宜商务、宜休闲的好去处。这就是石居部落。

石居部落保留了原来窑洞古朴的外观,庭院进行了园林化改造,房间内部则按五星级标准进行布置,既有自然的原始风味,住起来又非常舒适。石居部落建成不久,即得到各界人士的广泛好评,并在中国第一届民宿博览会上入选八强民宿,并荣获"优秀民宿推荐奖"。

原本对这次巩义之行并不抱太多期待的我,没想到一觉醒来,却收获了意外的惊喜。这让我对这次涉村之行的兴致又高涨起来。

早餐之后,同行的巩义市文联主席杨亚萍说起了北庄村的

"南水北调工程",一下子引起了我的兴趣。最近几年,我和吴元成一起,从南边长江的三峡葛洲坝到荆州、荆门、丹江口,从渠首陶岔一路到天津、北京,探访了南水北调的各移民点,走遍了南水北调中线干渠的全程,终于创作完成了《命脉——南水北调与人类水文明》,也由此与南水北调结下了不解之缘。听说北庄村"一个村的南水北调"故事后,无论如何我也要实地看看。

北庄位于涉村镇北部山区,水源奇缺。北庄村也因此发展滞后,是远近闻名的贫困村。2005年,退伍老兵杨小周高票当选村支书。眼见因缺水导致北庄村长期贫困,这名曾参加过对越自卫反击战的老兵决心从根本上改变这一局面,打隧洞利用落差从黄家山后山引水到北庄村。

2007年,杨小周请水利局的专家实地考察后,确定了引水路线,开始组织凿洞引水。外来的施工队因条件过于艰苦而拒绝继续干下去,杨小周就组织全村男女老少齐上阵,自力更生凿隧洞。施工资金不足,杨小周就卖掉自家的粮食,以个人名义贷款,并带动众多党员干部捐款,使工程得以进行下去。终于,经过600多个日日夜夜的努力,2009年9月,916米长的山洞顺利贯通,北庄村人终于不再望天下雨求水喝,饮水问题得以解决。北庄这个小小的"南水北调工程",与全国浩大的南水北调工程相比,虽有大小之别,其内在精神却是一以贯之的。

水的问题解决后,杨小周又带领村民发展林果业,使村民逐渐富裕起来。这时的杨小周望着北庄优美的景色,又想到了发展旅游业。石居部落就是他们引进资金开发风景旅游区的前期工程。

北庄村发展旅游业,得益于涉村镇一带得天独厚的自然条件。涉村镇处于嵩山北部,山势平中见雄,雄中出秀,秀中带奇。那天在涉村镇,我们行走在幽静的山间,看到山峦倒映在水坝拦蓄的水面上,片片绿,团团黄,簇簇红,心也自然沉静下来,渐渐融入这山水之中,流连而忘归。

涉村的山,是五岳之中的嵩山,虽非主峰,毕竟身世显赫,气魄不同。关于五岳,向有"泰山如坐、华山如立、恒山如行、衡山如飞、嵩山如卧"之说。这个"卧"字其实已说明了嵩山的特征:内敛,绝不张扬。虽然嵩山单就某一方面论,雄浑不及泰山,险峻当让华山,秀丽稍逊衡山,奇绝略输恒山,但深入之后会发现,其雄险奇绝、层峦叠翠之景色,颇有可观处,列居五岳绝非浪得虚名。即使是寂寂无闻的涉村的山,深入之后,也会发现其摄人心魄的美丽。尤其是经霜之后,原本葱郁的绿色,显示出红红黄黄的不同层次,色彩更加丰富而有内涵。

人生也是如此,在经历风霜之后,才会有别样的韵味。杨小周从战场上走下来,看到战友的牺牲,而能彻悟人生,看淡金钱名利,遂创造出北庄的胜迹,也创造出了个人的胜迹。杨小周如此的人生,也正如经霜的山林,内涵更加丰富,更加美好。

"江山留胜迹,我辈复登临。"这是孟浩然的诗句。望着涉村镇的山山水水,我总是在想,这无言的群山,是否曾眼见年少杜甫的登临?一千年静静等待,是否只为后来知者的登临?

水润天成的中牟

郑州市区的东邻,是中牟县。说是"邻",其实早已连为一体,中牟西部已成为郑东新区的重要组成部分。

说起中牟,有文化的人会想到潘岳,也就是人们常说的"貌比潘安"的那个潘安。美若西施,貌比潘安,这是中国人封为美的最高标准的一对俊男靓女。潘安就是中牟人,但大多数人是只知潘安貌美,鲜知其籍贯何方。而更多的人,说起中牟,想到的可能是西瓜、大蒜。潘安不仅姿仪美,少时即以才名闻世,与陆机并称"潘江陆海",的的确确是秀外慧中了。中牟的西瓜、大蒜就是瓜果、蔬菜中的"潘安",不仅看起来漂亮,味道也好,所以多年来一直大受青睐。

中牟的西瓜、大蒜长得好,关键在水土。这里的土地是黄河水冲积出来的,是典型的沙壤,小麦等粮食作物未必会在这里长得好,但这里极适宜西瓜、大蒜、花生等作物的生长。中牟人因地制宜,多年来一直广种瓜果蔬菜,收成极好。

如今随着郑州的不断东扩,中牟适合种植瓜果的大片土地成了市区,成了通达全国以至连通世界的物流中心。这看起来似乎是中牟发展进程中前所未有的历史变迁,其实某种意义上也是一次历史复兴。

郑州西边的荥阳，有条著名的壕沟，就是刘邦、项羽争霸的鸿沟。但鸿沟的历史其实比这要早得多，它的历史作用比这也要大得多。而且，鸿沟也不只是一条壕沟，而是一个庞大的水系。

战国初期，魏文侯及其继位者武侯两代国君，励精图治，使魏国日益强大。魏武侯的继位者魏惠王决定将都城迁到东部的大梁，即今河南开封。迁都大梁之后，魏惠王于公元前360年决定开凿鸿沟，以加强魏国东西两部分之间的联系，并改善大梁周围的水上运输条件，便于运送兵粮和人员物资往来，最终称霸中原。

鸿沟的开凿是从对大梁西边的圃田泽进行整修开始的。魏国人引黄河水南下入泽，把圃田泽改造成了方圆150千米的巨大湖泊，继而凿沟修渠，从圃田泽引水到大梁。

圃田泽位于中牟县境内，现在属于郑东新区。郑东新区目前已是一片繁华的现代化都市景象，与大多数北方城市不同的地方在于，其中密布着人工河道和湖泊。这与古老的圃田泽还是有着密切联系的。圃田泽经过长时间的淤积，巨大的湖泊已不复存在，清代以后被垦为农田，但很多地方仍然是低洼之地，大大小小的水塘分布其中。郑东新区规划建设时就利用这一特点，开挖出几个大型湖泊并用人工河道将其连接在一起，成为一个相互联通的人工水网。

按照历史记载，当时的圃田泽显然远比现在的圃田乡要大。《水经·渠水注》记载："梁惠成王十年，入河水于甫田，又为大沟而引甫水。"梁惠成王即魏惠王，因迁都大梁又被称为梁惠王、梁惠成王。甫田,即圃田。《水经·渠水注》对其有详细描述:"泽在中牟县西,西限长城,东极官渡,北佩渠水,东西四十许里,南北二十许里。中有沙冈,上下二十四浦,津流径通,渊潭相接,各有名焉。有大渐、小渐、大灰、小灰、义鲁、练秋……牛眼等浦,水盛则北注,渠溢则南播。"

圃田泽的历史比《水经·渠水注》的记载还要久得多。根据考古发掘,郑州古商城遗址的东面就是圃田泽,它是当时商都的一道天然屏障。《周礼·职方》也记载了圃田泽:"河南曰豫州……其泽薮曰圃田。"

由这些记载可知,圃田泽在当时是一个水面巨大的天然湖泊沼泽。魏国修建鸿沟,正是利用这一自然湖泊调节水量,使之在今河南荥阳与黄河连通,保证水源,进而向东连通大梁。

实现了圃田泽与大梁的沟通之后,在此后20多年间,魏惠王命人向东南继续开凿,使水系工程不断拓展,经现在的通许、太康,一直延伸到淮阳东南流入颍水,最后汇入淮河。这些水系工程相互连接,交织成网,形成了最早沟通黄河和淮河两大流域的大规模人工运河。到隋朝时,鸿沟被改造成大运河的重要组成部分。

从这些历史记载可以看到,中牟的圃田泽,东邻大梁,处在鸿沟的重要节点上,且水域广大,曾是重要的交通枢纽。后来,圃田泽渐淤渐小,鸿沟也被淤废,昔日广阔的圃田泽成为遍布水塘的沙地,不利粮食生长,只好种植瓜果。

圃田泽淤平，鸿沟淤废，东边的开封也渐渐没落。昔日热闹繁华的中牟一带在漫长的沉寂之后，终于迎来了新的历史发展机遇。历史进入工业时代，随着铁路建设，中牟西边的郑州曾经为重要的陆上交通枢纽，现在更发展成为公路、铁路、航空三位一体的物流中心。中牟也成为中原经济区、郑州都市区、郑州航空港经济综合实验区三区叠加的中心区域，是郑汴融城战略和郑汴产业带的核心区，确立了千亿元产值的汽车产业、千万人次的国家级时尚文化旅游产业、国家级都市型现代农业三大主导产业。目前的中牟，在经济飞速发展的同时，保持了良好的自然生态，成为郑州人向往的宜居区域。

从历史上看，中牟是圃田泽的积水润泽出来的。今天，中牟能在圃田泽淤平千年之后，重新成为全国重要的物流中心，当然缘于其得天独厚的地理位置，一切可以说是自然天成。

多年来，中牟县在经济、政治、社会、生态建设等方面取得巨大成绩的同时，也非常重视文化建设。近几年，王银玲在县委、县政府的大力支持下，连续组织了好几届"雁鸣湖金秋笔会"，全国许多作家都曾到中牟参观游览，并为这里的历史文化和现实发展所震撼，纷纷拿起笔写下了自己的所见所感。这些作品汇集成册，就是我们现在看到的《雁鸣金秋》。

几次笔会，我都躬逢其盛，亲眼得见中牟巨大的发展变化，也见证了作家的欣喜与感动。文集编成之时，银玲让我写几句话，我只好写下自己的一些感触，权以为序。

大河南北看官渡

黄河南岸的中牟县,有官渡镇,据说是当年官渡之战战场之所在;黄河北岸的原阳县,有官渡乡,也说是当年官渡之战战场之所在。我们先到中牟,除了几处10多年前人造的景点外,中牟的官渡镇已看不到战争留下的任何痕迹,映入眼帘的是长在地里的或摊在路边的大蒜。只是在陪同人员的介绍中,我才知道前些年还有农民在翻地时捡到过三国时期的箭镞矛戈,印证了这场战役确实在这里发生过。当年,这场战役的参加者有10余万众,大军过河最主要的办法可能并非乘船而是架浮桥,使车马能更快捷地通过。为了使熊召政先生亲身体会从浮桥上过黄河的感觉,我们驱车北行,上黄河南大堤后顺堤东行,经约40公里到开封境内的水稻乡,从浮桥上北渡黄河,到封丘境内,再沿黄河蜿蜒西行,来到原阳境内的官渡乡。这里连人造的景点也没有,当地陪同人员说由于不断淤灌,历史的一切早已深埋在地下,地表是不断抬高的肥沃的土地。这里满眼是正在灌浆的青青麦子,长势喜人,熊召政先生的感觉是这里的地比中牟的厚。但地厚的地里长出的麦子并不比地薄的地里长出的大蒜更有经济价值。这是题外话了。

官渡之战曾使关羽名声大振。其实,在官渡之战的前夕,刘备是联合袁绍反曹的。建安四年(199年)腊月,曹操正一心准备对袁绍的决战时,刘备起兵反曹,占领下邳,屯据沛县,兵马增至数万,并与袁绍联系,打算合力攻曹。曹操本来兵力就远逊于袁绍,现在东面又遇到刘备的趁火打劫。这种情况放在一般人身上,早该六神无主、惊慌失措了,但曹操却置正面袁绍大军于不顾,于次年二月亲率精兵东击刘备,他速战速决,迅速攻下沛县、下邳,刘备全军溃败,只身逃往河北投奔了袁绍,张飞则跑到芒砀山做起了山大王,而关羽则降了曹操。曹操于是从容回师官渡,避免了两面作战。关羽降曹后受到了曹操的厚待,觉得应该表现一番,于是就有了斩颜良、诛文丑的壮举。关羽当年斩颜良的白马,在今河南滑县东;诛文丑的延津,在今河南延津北。这两个地方也都在今黄河北岸。依现在之地理形势看,似乎是关公渡河作战,诛杀袁绍两员大将。其实,当时袁绍击败公孙瓒,占有青、幽、冀、并四州之地,实力强大,他才是进攻的一方。所以在建安五年(200年)正月,袁绍令陈琳写下著名的讨曹檄文,率精兵10万,对曹操发起进攻。因此,作为防守方的曹操是不大可能渡河攻击袁绍的。而且在漫长的黄河下游河道上,渡口众多,曹操即使想阻止袁绍渡河也是不可能的。于是曹操集中兵力,扼守要隘,重点设防。而官渡为许昌北、东之屏障,是袁绍夺取许昌的要津,曹操的主力部队就集结在这里。

那么,官渡古战场究竟在哪里呢?

正所谓"三十年河东,三十年河西",对黄河而言更是如此。

历史上,由于挟带有大量泥沙,黄河至下游河道变宽,水流趋缓,泥沙大量沉积,河床逐渐抬高,每过一段时间,就会冲出原河床,开辟出新的河道。现在,在黄河北岸,武陟、原阳、延津、封丘,自西而东沿黄河一字排开。但在三国时期,黄河河道却在今原阳、延津的北边,也就是说,现在的原阳、延津等地当时在黄河的南岸,与现在的中牟其实是连在一起的。所谓中牟的官渡、原阳的官渡,在当时其实就是一个官渡。官渡的古战场应该就在今中牟、原阳间黄河河道及其两岸一带。关羽斩颜良、诛文丑的地方现在虽然在黄河北岸,当时其实是在黄河南岸。关羽从许昌驰马100千米,迎战渡河南犯的袁绍大军,并战而胜之,大长曹军威风。此后,乌巢(今延津东南)一战,曹操焚毁了袁绍的粮草,终于使得袁军大败,取得了对当时实力最大军事集团——袁绍集团战役的决定性胜利,并统一了北方。官渡之战也成为历史上以少胜多的著名战例。

现在,官渡古战场已被黄河的浊浪一次次冲洗,被泥沙一层层掩埋,几乎没留下任何痕迹。当袁绍气势汹汹地挥师渡河南下的时候,他不曾想到曾经的"河东"转眼成了"河西",进攻的一方反而会一败涂地到了丢掉老本的地步;而曾经的战场,如今也被黄河一分为二,曾经的"河南"如今到了"河北"。

天下事也许就是如此,要相信自己的眼睛,但也不能被眼见的东西所蒙蔽,当下眼见的也许并非真实的。变,只有变,可能才是唯一不变的。三国时群雄混战,情况瞬息万变,曹操善于应对变化、适应变化,所以取得了官渡之战的胜利,并终成霸业;刘备同样善变,所以终于在夹缝里求得生存,白手起家,三分天下有其一;而实力强大的袁绍,不善因变用变,只知正面进攻,终于输了个精光。

郑州黄河风景名胜区

郑州一直被认为是"火车拉来的"新兴城市。当它被认定为中国八大古都之一时,很多人对此大为不解,满是质疑。

出郑州西北20余千米,有山峦起伏,谓之岳山。山阴大河流淌,无咆哮奔腾,有舒缓从容,此即黄河。岳山之上,绿树葱茏,亭阁时见。登高北望,黄河浩荡东流,漫无际涯。逐级攀登,眼界渐次开阔,黄河更显雄浑壮美,至此更觉"欲穷千里目,更上一层楼"境界之高。就是在此处,从高原峡谷一路奔涌而来的黄河冲出最后一个峡口,进入平原,始成"悬河"。这就是国家旅游专线"黄河之旅"的起点——郑州黄河风景名胜区。

我20世纪80年代末大学毕业来到郑州的时候,接待外地同学常去的地方就是黄河游览区。现在,高大的炎黄二帝巨型雕塑是黄河游览区的标志,那时塑像尚未建成,标志是一尊端坐哺乳女子的雕塑,叫作"黄河母亲"。建这个雕塑的想法固然源于对母亲河的热爱,更具体的原因大约在于这里原本是一个提灌站,在此抽黄河水以解决郑州市民的用水问题。那时到黄河游览区,我对那一排沿山坡排列的巨大黑色水管印象特别深。

郑州引黄河水以用的时候,把取水点选在了邙山头。南水北调中线穿黄工程在邙山头偏西一些的孤柏咀,由邙山下进入黄河底,在北岸以太极拳和铁棍山药闻名的焦作温县出地面流入明渠。1952年,毛泽东就是在邙山头提出了借南方之水以济北方的想法。再往前,这里其实和隋唐大运河等古代水利工程关系极为密切。想必很多郑州人也和我一样,觉得这不过是一个随意的选择。实际上,之所以如此,并非历史的偶然,而有着必然的因素。

邙山以前叫敖山。"敖山"这个名字,据说始于商朝初期,或许更早。郑州之所以被列入中国八大古都,是因为考古学家和历史学家经过缜密论证,认为它就是商朝早期成汤所建的初都"亳"。"敖"的意思其实等同于现在的"遨",许慎《说文解字》称:"敖,出游也。"现在一说"遨游",大家想到的通常是高大上的出游,如遨游太空,但过去就是指一般的出游。3 000多年前商代的先民,准确地说是贵族们,从他们的都城——今郑州商城遗址,来到西北二三十千米外的这座小山上,打猎、游玩,于是称这里为"敖山",顺带,山南的高地被叫作"敖地"。到商王中丁时,他干脆将都城迁到了这里,即后世所称的"隞都"。到周代,敖山仍然是休闲、打猎的好去处,《诗经·小雅·车攻》记载了周宣王的一次打猎行动:"建旐设旄,搏兽于敖。"

原先,考古学家认为郑州商城是隞都遗址。1989年,几位农民在郑州古荥镇南1 000米的小双桥村挖土时,发现了一件U形青铜构件。考古专家认为这种青铜构件应为宫殿正门两侧枕木前端的装饰物。考古人员到小双桥进行了三次发掘,发掘出了一个面积达140多万平方米的古遗址。结合考古发现和古文献记载,专家们认为,这里才是商代的隞都,而郑州商城则是亳都。

从古至今,粮仓又被称为"敖仓"。"敖仓"之"敖",就是"敖山"之"敖"。早在秦朝时,这里建起了全国最大的粮仓,因在敖山,故名"敖仓"。为争夺敖仓,秦将章邯和陈胜起义军,刘邦和项羽,袁绍和曹操,都是杀得不亦乐乎。

敖仓为什么会建在敖山上呢?因为敖山北边不远处就是黄河,魏惠王开凿鸿沟,引水口就在这里。秦灭魏时大梁被淹,使这里成为重要的物资转运站,敖仓就建在了这里。后来,隋唐大运河在鸿沟故道上修挖,引水口还在这里。也就是说,这里其实是天下水运系统的枢纽。为便于转运物资,大型仓库自然是要建在这里的。

自古至今,人们调水的时候不约而同想到邙山头,当然与此地独特的地理位置密切相关。

中国地势西高东低,分为三级阶梯。敖山,也就是邙山头,正处在第二、三级阶梯的交界处,邙山头正是黄土高原向黄淮海平原最后的伸展。从地理上说,邙山头—古荥镇—五龙口—桐柏路一线,形成一个阶梯,阶梯之上是黄土高原,之下则是辽阔的平原。

正是在这里,黄河完成了在峡谷中的奔腾,开始进入平原流淌,由此进入下游。而进入下游的黄河,由于平原上没有天然屏障的阻挡,变得桀骜不驯,河道来回变动。

因此，位于二级阶梯向三级阶梯过渡处的邙山头一带，就成为华北平原引黄河水的最佳选择。随着人类文明的进步，兴修运河以构建天下水运网络显得日益重要。宋代之前，中国的政治文化中心都在以洛阳为核心的这片区域内，向西至长安，向东至今郑州一带。运河的修建自然也应该以此为中心。于是，要想连接东南淮河、长江流域，只能在邙山头以西黄土高原与华北平原过渡地带开口引水，导水绕过邙山头，流向东南；要想连接海河流域，也要由此引水流向东北。战国到秦汉的鸿沟、隋唐到北宋的大运河，正是这样修建的。

邙山虽然看起来毫不起眼，但成就古往今来郑州地位的恰恰是它。因为处在中国二、三级阶梯的交界处，既可向东俯视辽阔的平原，又可向西避开水祸，更能由此控制水利，夏、商等为控制水患而联合各部落建立的王朝，自然要将都城选在这里。此后的运河也就以此为中心，成就了这里的繁荣。甚至在 20 世纪初，京汉铁路修建时也自然而然把黄河大桥的桥址选在了这里，成就了今天的郑州。现在，南水北调以解京津之干渴，干渠穿黄的地点也同样选在这里。这并非哪个领导拍脑袋的决定，实在是地理所限，不得不如此。

搞清了邙山头的重要位置和历史地位，我们对黄河就多了份理解，就更能把握中原文化、中华文化的深刻内涵。

邙山提灌站历经多次建设，先后叫作郑州市黄河游览区、郑州黄河风景名胜区、郑州黄河生态旅游风景区。

黄河风景名胜区现已开放景区面积20多平方千米,已经建成有五龙峰、岳山寺、骆驼岭、炎黄广场、星海湖、汉霸二王城等六大景区。其中黄河碑林及《西游记》等古代名著大型砖雕有颇多名人名作,具有很高的艺术价值,值得细细欣赏品位;而"炎黄二帝""哺育""大禹""战马嘶鸣""黄河儿女"等大型雕塑,都是体现中华黄河文化的艺术佳作,更值得亲临观赏。在中心景区五龙峰的半山平台上,耸立着高5米、重12.5吨的乳白色汉白玉雕塑——"哺育",它以怀抱婴儿的慈母造型,表现了黄河母亲哺育中华儿女的血肉深情。骆驼岭上屹立着治水英雄大禹的塑像。传说当年大禹凿龙门、劈砥柱之后,曾在这一带治水,福佑黎民。塑像高10米,重150吨,大禹头戴斗笠,身穿粗衣布履,右手握耒,左手指向黄河流淌的方向,风尘仆仆,气宇轩昂。雕塑不只是礼赞了一位传说中的治水英雄,更是唱响了一曲千百年来中华儿女治理黄河以造福华夏的颂歌。

最为壮观的则是坐落于五龙峰东侧、浮天阁北侧向阳山上的炎黄二帝半身塑像。塑像整体高106米,历时20年方初步建成,堪称"地球第一雕"。作为农业神的炎帝,国字脸、卧蚕眉、蒜头鼻,长髯垂胸,表情慈祥,微笑中展示出博大的胸襟。而作为军事家的黄帝,目字脸、剑眉、悬胆鼻,眼神锐利,表情刚毅、雄健,沉思中显示出高瞻远瞩的气魄。"二帝"眼长3米,鼻长8米,两张脸加在一起有1000多平方米。塑像胸以下利用山体的粗犷基型,头胸有37米,用花岗岩层层砌筑;头面部有20多米高,耳郭更高。巨塑的头胸部分,内部是楼层式结构,共三层,内设天象、渔猎、农牧、石器、冶炼、兵器、科技、民族和文化等展厅,还有接待室、休息厅等。游人可从塑像内部登高至眼睛和耳郭处远眺黄河风光。

巨塑北面是15万平方米的炎黄广场,在像前设大型祭坛和多组仿古塑像。安放在炎黄广场上的"炎黄鼎",高6.6米,重近20吨;鼎座四壁铸有"炎黄鼎"三字金文和邓小平、陈云、江泽民的题字;鼎身饰有20座高山、20道河流,象征5 000年中华文明山高水长,12只凤凰翱翔在山川云天之间,显示伟大祖国一派吉庆祥和的景象;口沿下3对飞龙向着火焰跳动的太阳,意为今日之中华正在奋力腾飞;鼎座上的56条夔龙则象征56个民族大团结。中华炎黄坛是广场上的主要建筑,坛两侧设计有两座纪念馆,即华侨历史博物馆和中华姓氏博物馆。这里会成为全球华人的文化标志和寻根祭祖的圣地。

在黄河风景名胜区,浮天阁、开襟亭、畅怀亭、依山亭、牡丹亭、河清轩、引鹭轩等亭台楼阁分布山间,闲坐休息之余,可从不同角度好好体会黄河的壮阔雄浑之美。

岳山寺是俯瞰黄河的最佳去处。主峰顶上,有规模宏大、风格独特、高36米的三层塔式建筑——浮天阁。阁内壁饰彩绘,顶系古钟,其声数十里可闻。登阁远望,眼界为之一开,挣脱了束缚的黄河,在宽阔的河床上慢慢地展开,如闲庭信步,舒缓东流。然而,这看似悠闲的河水却蕴藏着巨大的威力,平和的外表下潜伏着桀骜的个性。这里,是黄土高原的终点,也是黄河成为"地上悬河"的起点。高出地面的黄河随时会露出狰狞的面目,冲破大堤,给人民的生命财产带来灾难。历史上,黄河的屡屡改道,给下游人民带来了无尽的灾难。1952年,毛泽东主席视察黄河,在岳山寺的小顶山上凝望黄河,发出了"要把黄河的事情办好"的号召。1958年7月,周恩来总理在此亲自指挥抢险战斗。此后,尽管防汛一直是黄河河务的重中之重,黄河改道的悲剧却未再上演。

黄河民俗风情苑是黄河风景名胜区的一个优秀景点,以窑洞为建筑主体,以农家院为建筑形式,由5个院落、11孔窑洞构成。其中神农苑有精美绝伦的剪纸、面塑等民间艺术表演,纷杂多样的民间器具展览;百花堂和鸿喜堂有原汁原味的传统婚庆表演;黄河风苑可聆听最正宗的河洛大鼓,目睹最正宗的汴绣表演,欣赏精美的朱仙镇版画;泥艺张苑展现了泥艺张高超的泥塑技艺。

黄河风景名胜区是原国家旅游局(2018年3月,设立文化和旅游部,不再保留国家旅游局)推出的14条黄金旅游线路上的重要景区之一,是黄河之旅的龙头景区,无论是想饱览大河风光,体验黄河文化,还是想祭祖寻根、体会民俗风情,或者纯为休闲娱乐,大家到此都会觉得不虚此行。

开 封 铁 塔

如同天安门之于北京、凯旋门之于巴黎、斜塔之于比萨、金字塔之于开罗，铁塔绝对是开封的标志性建筑，故有"来开封不登铁塔，等于没来过开封"之说。

铁塔位于开封市城区东北隅的铁塔公园内，是宋代著名佛寺开宝寺为供奉阿育王佛舍利而建的佛塔，素有"天下第一塔"的美称。

铁塔建于北宋皇祐元年（1049年），因当年建在开宝寺内，称"开宝寺塔"。又因其外表全以褐色琉璃砖镶嵌，远看近似铁色，加之本身坚固异常，犹如铁铸，故从元代起民间称之为"铁塔"。据史料记载，铁塔前身是一座木塔，系我国北宋时期著名建筑学家喻皓为供奉佛祖释迦牟尼佛舍利而建造。据说，喻皓经过8年的构想设计和建造，终于在公元989年把这座佛塔建成。木塔八角十三层，高120米，上安千佛万菩萨，塔下做地宫，供奉佛祖的舍利子，造工精细，木塔在京城诸塔中最高，其土木之宏伟，金碧之炳耀，自佛法入中国，未之有也，因此该塔被称为"天下之冠"。初建成的塔向西北倾斜，有人问喻皓缘由，他说京师无山，又多西北风，离此地不远又有大河流过，用不到百年的时间，塔受风力作用和河水浸岸的影响，就自然会直过来了，并预言此塔可存在

700年不会倒塌。但令人遗憾的是,这个木塔在宋庆历四年(1044年)夏天,便被雷火所焚,仅存在50多年。到了皇祐元年(1049年),宋仁宗下诏在距此塔不远的夷山上,仿照木塔的样式建造了我们今天所看到的这座铁色琉璃砖塔。现在,铁塔已向东南方向倾斜,看来喻皓先生当年的担心并非多余!

  铁塔现高55.88米,平面为八角形十三层楼阁式,底层每面阔4米多,向上逐层递减,层层开设明窗,一层向北,二层向南,三层向西,四层向东,以此类推,其余皆为盲窗。设计明窗,除有采光、通风、瞭望之用,还能减缓强风对塔身的冲击力。明代嘉靖、万历年间,又在塔心柱正对明窗之处,镶嵌了琉璃佛砖,保护塔心柱免受风力侵蚀。

  无论是远观还是近看,铁塔都仿佛是一座木塔,玲珑剔透。原来设计师在设计建造铁塔时,采用仿木结构,以许多形状、大小各异的"结构砖"相组合。这些"结构砖"就像经过斧凿的木料一样,有榫、有眼,组装起来,严丝合缝。塔身的檐、椽、瓦等,也俱为琉璃砖。砖型的规格化是我国佛塔建筑的一大进步,可以砌出各种仿木结构,这些特点使铁塔在我国佛教建筑史上占有重要地位。

  粗壮的塔心柱是支撑塔壁、抵御外力的核心部分。各种用途不同的外壁砖瓦构件通过登道与塔心柱紧密衔接,浑然一体,异常坚牢,具有很强的抗震能力。900多年来,铁塔历经地震、暴风、霹雳、水患,特别是1938年6月,日军用大炮对铁塔进行轰炸,北面从第四层至第十三层的各级檐角、塔壁遭受不同程度的毁坏,但仍然屹立不倒。

铁塔外壁镶嵌的花纹砖有 50 余种,花纹图案包括飞天、降龙、麒麟、坐佛、玉佛、菩萨、狮子、伎乐、花卉等,造型优美,精妙生动,具有鲜明的宋代艺术风格。

铁塔原建于夷山之上,后来由于黄河泥沙沉积,将夷山及塔基淤没。据《如梦录》载,基座辟有南北二门,向南一门上有匾曰"天下第一塔"。基座下有一八棱方池,北面有小桥跨池而过,由小桥进北门入塔。由此可以想见,当年铁塔如同一株破水而出的芙蓉,亭亭玉立,更使塔身外观出落得挺拔灵秀,瑞丽舒展。

铁塔内部有砖砌登道,绕塔心柱盘旋而上,历 168 级台阶可至塔顶。登到第五层,可以看到城内景色;登到第七层,可以看到城外原野;登到第九层,可以看到浩瀚奔腾的黄河,领略到黄河号称"地上悬河"的含义;登到第十二层,则祥云缭绕,云雾扑面,似入太虚幻景,此即著名的古开封汴京八景之一的"铁塔行云"。有诗赞曰:"浮图千尺十三层,高插云霄客倦登。润彩氤氲疑锦绣,行人迢递见觚棱。半空铁马风摇铎,万朵莲花夜放灯。我昔凭高穿七级,此身烟际欲飞腾。"

每当风度云穿时,环挂在塔身檐下的每层 8 个共 104 个铁铃悠然而动,叮当作响,更让人心旷神怡、流连忘返。

铁塔西 100 米处,有一座重檐伟阁、漆栋画梁的大殿,名叫接引殿。周围由 24 根大柱支撑,青石栏杆,望柱上雕刻有形态各异的 96 只小狮子。殿内矗立着一尊高大慈悲的站佛,即西方极乐世界的阿弥陀佛,俗称"接引佛"。这尊高大的接引佛像,是宋元时期用全铜铸造的,身高 5.4 米,重 12 吨,赤足站立,胸前铸有象征吉祥的万字符,穿有山水云朵花纹的袈裟法衣,左手禅定在胸,右手下垂指地,表示能满足众生的愿望,接引众生到达西方极乐世界。佛像周围的殿壁上绘制的大型壁画《西天极乐世界图》上有佛像 70 多尊,图中有慈眉善目的菩萨、婀娜多姿的彩女、手托花盘的仙娥、舞姿轻盈的飞天等,锦衣广带,彩绦飘飞,笙箫婉转,鹤舞鹿鸣,一派温馨和谐的天国景象。

历代文人骚客对铁塔多有歌咏,元人冯子振有诗云:"擎天一柱碍云低,破暗功同日月齐。半夜火龙蟠地轴,八方星象下天梯。光摇滟溦沿珠蚌,影落沧溟照水犀。文焰逼人高万丈,倒提铁笔向空题。"该诗描绘了中秋节铁塔燃灯的壮观景象。

如今,铁塔依然以其秀丽挺拔的身姿雄居中原,并以其精湛绝妙的建筑艺术,令参观者击节赞叹!

龙　　亭

　　开封是中国名副其实的一大古都,是一座有4 000多年建城史、700多年建都史的历史文化名城,先后有夏,战国时期的魏国,五代时期的后梁、后晋、后汉、后周,北宋,金等定都于此,故称"八朝古都"。其中,北宋在此建都160余年,其间文化鼎盛,舟车往来,商贾云集,富丽甲天下。北宋应该是开封城最为繁华的时期。据说,宋时东京城共分为136坊,外城东郊区共划分三坊,第一坊就是"清明坊",著名的《清明上河图》所画的即是该坊,其繁华已至于斯,内城的繁华更可想见。其时,开封城人口达100余万,是世界第一大都市。

　　但是,黄河的泛滥使一代代开封城被深埋于地下,考古发掘证实,开封的地下叠罗汉般一层层堆摞着历代的都城王府,开封的繁华就这样被深深地掩埋了。

　　在今开封城区西北隅,有一座建在高达13米巨大砖砌台基上的金碧辉煌的大殿,气势峥嵘,辉煌壮观,此即龙亭。龙亭的下面,就是历代皇宫王府的遗址。唐时,此地为宣武军节度使衙署所在地;后梁时改建为皇宫,名"建昌宫";后晋、后汉、后周定都开封时仍以此地为宫室,改名为"大宁宫";北宋时在此建大内皇宫,使之进入了历史极盛时期;金朝末年,这里再度成为皇宫禁苑;明朱元璋第五子朱橚的周王府也建在此地。后因黄河泛滥，此地渐成废墟。清顺治十六年(1659年)，在此建立贡院。清康熙三十一年(1692年)在煤山上建一小亭，名"万寿亭"，其下高台为明周王府花园的土山，因储存煤炭，故名"煤山"。万寿亭内奉皇帝万岁牌位，每逢大典，省城官员到此朝拜，故称为"龙亭"。清雍正十二年(1734年)万寿亭被扩建为规模宏大的万寿宫，以后又一度改为道教的万寿观。现存龙亭大殿为清代建筑。

现在龙亭及其周围建筑、湖泊、花园等在1949年后被辟为龙亭公园，全园包括午门、玉带桥、朝门、照壁、朝房、龙亭、北宋皇宫宸拱门遗址、碑亭、北门及东门等建筑群体，还有潘湖、杨湖、春园、盆景园、号称"中原一绝"的植物造型园及长廊水榭等园林景观。

龙亭大殿高26.7米，基高13米，坐北朝南，东西两侧各有8间朝房，与大殿组成完整的宫殿院落。龙亭高踞在台基之上，从地面到大殿有72级台阶，台阶中间是雕有云龙图案的石阶，雾绕龙盘，气势威严。登上平台，四周有石栏围绕。大殿是木结构，重檐歇山式建筑。大殿内原供玉皇像，像下有蟠龙石墩，色黑而润，俗名"龙墩"，传为赵匡胤的御座，实乃放置皇帝牌位的牌座。

龙亭台阶下西侧殿有中国第一座专题蜡像馆，将北宋皇朝九帝执政时期政治、经济、文化、外交、科技等方面的重大事件，用九组蜡像表现出来。其中历史人物的服饰，包括衣服的颜色、帽子的款式、玉带的样式等，都经过认真考据，力争符合历史的实际；

在工艺上,蜡像的肤色、毛发、眼珠、神态表情,都非常逼真。

龙亭前有一条笔直的大道,道旁有两个东西对峙的湖,东为潘湖,西为杨湖。传说东湖为宋朝潘美的府第,他陷害忠良,是个奸臣,宅院里的湖水是浑的;西湖为宋朝抗辽名将杨业的府第,他舍身救国,是个忠臣,宅院里的湖水是清的。这个说法显系附会,但反映了人们对忠奸的态度和感情。

从龙亭前的大道,过潘、杨两湖,再往南,仍是一条笔直的大道,两旁店铺林立,这条大道历史上是一条宽阔的御道。现在这条大道已改建为"宋都御街",长约400米,两旁的店铺全部是仿宋建筑,主要出售土特产品、工艺美术品和书画。宋代著名的樊楼也是按照"三层相高、五楼相向、飞桥栏槛、明暗相通"的格局加以恢复的,主要经营高档食品及北宋皇宫御菜。这条街与龙亭公园连成一片,成为一个具有宋代特色的游览点。

龙亭是开封的标志性景观,游开封不可不游龙亭。其实游龙亭不在于看其殿堂如何巍峨壮观,其要义也许在于,来到此处,才能切实感受到千古兴亡事,才能深切体会到什么是荣辱沧桑。

寺寺相摞的皇家寺院

向来古寺多藏深山之中，位于闹市之中的少之又少，故佛寺总会让人觉得是在"曲径通幽处"。但开封大相国寺却是一个例外，这所著名的佛寺就位于闹市中心，而且在它最兴盛的时期，开封乃是世界最大的都市。

大相国寺位于河南开封市自由路西段路北，坐北朝南。此地相传为战国时魏公子信陵君的故宅，北齐天保六年（555年）在此创"建国寺"，后遭水火两灾而毁。唐初，这里是歙州司马郑景的住宅。武则天长安元年（701年）慧云和尚寄宿安业寺，发现原郑景宅池内有楼殿幻影，他认为是弥勒佛说法的兜率宫，是佛祖在昭示他在此地开设一处弘扬佛法的道场，遂发愿在此地修建梵刹。据《宋高僧传》记载，慧云身无分文，为修建寺院四处募化，为此，他曾在雪地里连坐三天，向路人化缘。唐中宗神龙二年（706年）慧云到濮州（今山东鄄城北）铸了一尊一丈八尺高的弥勒佛像，于睿宗景云元年（710年）请回开封。翌年，慧云靠募捐所得购买了郑景宅院开始造寺，在挖地基时掘出旧建国寺碑，遂沿用"建国寺"名。《宋高僧传》说，在寺院就要完工的时候，睿宗因社会上捐资建寺成风，决定下令拆除所有在建寺院。慧云不想使自己多年的心血付诸东流，就在弥勒佛像前发愿，希望佛祖显灵示瑞,助自己实现宏愿。忽然,弥勒佛像现出万道金光,引得万人空巷,前来观看。前来下令拆寺的官员也目睹了佛像显瑞的一幕,立即将这一情况上报皇帝。而睿宗听闻后说自己昨晚也梦到了这一幕,看来此地绝非寻常,遂于延和元年(712年)敕令将此寺改名为"相国寺",并赐"大相国寺"匾额。据说叫这个名字意在纪念自己从相王重新当上皇帝。昭宗大顺年间(890—891年)寺院被火焚毁,后重修。宋太祖建隆三年(962年)五月又遭火灾,后又重建。

北宋时相国寺为开封最大的佛寺,自至道元年(995年)开始大规模扩建,到真宗咸平四年(1001年),用了7年时间才完工。扩建后的相国寺占地545亩,殿阁庄严,僧房鳞次栉比,花卉满院,被赞"金碧辉映,云霞失容"。寺院住持由皇帝册封。相国寺成为皇帝平日游玩、祈祷、寿庆和进行外事活动的重要场所,被誉为"皇家寺"。不少国外僧人也来相国寺进行文化交流活动。宋太祖时,印度王子曼殊室利出家为僧,后来到中国,在相国寺居住多年。宋神宗熙宁七年(1074年),朝鲜的崔思训带了几位画家来寺,将寺内所有壁画临摹回国。神宗时日本僧人成寻也曾在此居住。宋徽宗时,徽宗将"大相国寺"匾额赠送给朝鲜使者。由于身处闹市,相国寺这所皇家寺院逐渐发展成为都城里最大的商贸市场和文化娱乐中心,是一个佛、市并存的场所,定期进行集市贸易,每个月开放8次,孟元老称之为"万姓交易"。由于东京汴梁是当时世界上最大的都市,而《清明上河图》所表现的只是当时城门外市井的繁华景象,据以推测,大相寺在当时可能是世界上最大最繁华的集市。就现有的文人记载来看,苏东坡、李清照夫妇、米芾等文人雅士都是这里的常客。

宋以后,相国寺告别了往日的辉煌。由于黄河的不断泛滥,相国寺逐渐陷入了黄河的淤泥之中。明洪武二年(1369年)敕修相国寺,后寺院又遭水患。明永乐四年(1406年)、明成化二十年(1484年)两次进行修缮。明嘉靖十六年(1537年)重修资圣阁。资圣阁建于唐代,过去也叫排云阁,高60多米,是当时相国寺最雄伟的建筑。明嘉靖三十二年(1553年)与万历三十五年(1607年)又两次重修相国寺。明崇祯十五年(1642年),李自成与明政府争夺开封,掘开黄河大堤,洪水淹没全城,相国寺也被掩埋在了淤泥当中。清顺治十八年(1661年)重建了相国寺山门、天王殿、大雄宝殿等,并复名相国寺。康熙十年(1671年)重修藏经楼。康熙十六年至二十一年(1677—1682年)又增建中殿及左右庑廊。乾隆三十一年(1766年)又重修,现存殿宇均为当时所建造。嘉庆二十四年(1819年)重修智海禅院,道光、光绪年间也做过一些零星修整。民国初年曾翻修八角殿,改建法堂。民国十六年(1927年)冯玉祥将相国寺改为"中山市场"。民国二十二年(1933年)刘峙将省立民众教育馆迁入相国寺。1949年后,相国寺又得以重修、恢复。就历史记载来看,相国寺1000多年来屡毁屡建。在开封城下,一层层叠摞着历代故城;而相国寺下,也一层层叠摞着历代旧寺。

现存相国寺为中国传统的中轴对称布局,主要建筑有大门、天王殿、大雄宝殿、八角琉璃殿、藏经楼等,由南至北沿轴线分布,大殿两旁东西阁楼和庑廊相对而立。藏经阁和大雄宝殿均为清朝建筑,形式上重檐歇山,层层斗拱相叠,覆盖着黄绿琉璃瓦,周围有白石栏杆相围。现在高高耸起的八角罗汉殿,是大约20年前被整体抬高了近2米的古代建筑,四周游廊附围,顶盖琉璃瓦件,翼角皆悬持铃铎,殿内置木雕密宗四面千手千眼观世音巨像,高约7米,全身贴金,相传为一整株银杏树雕成,异常精美。钟楼内存清朝高约4米的巨钟一口,重万余斤,有"相国霜钟"之称,为开封八景之一。

相国寺现存来自马来西亚的佛舍利一粒,洁白完好;珍藏佛经两部,分别为清乾隆版《大藏经》和日本版《大正藏》。

20世纪末,相国寺重新恢复佛事活动,这座屡遭损毁又屡被复建的古刹名寺,重新成为人们礼佛、观光的重要场所。

全真圣地延庆观

对喜欢武侠小说的人特别是"金庸迷"来说,王重阳是一个如雷贯耳的名字。在《射雕英雄传》等作品中,他被描绘为"华山论剑"决出的"武功天下第一"的高人。金庸的描写当然更多是出于虚构,但王重阳及作为他弟子的"全真七子"历史上确有其人,金庸所写的"活死人墓"等也并非完全杜撰,而实有依据。现在开封城区西南隅,包府坑北,有一处著名的道观,名延庆观,原名就叫作重阳观,正是为纪念道教中全真教的创始人王重阳在此地逝世而修建的。

王重阳本名中孚,后更名嚞,字知明,与陶渊明一样,他也喜爱菊花,因为菊花在重阳节开放,因号"重阳子"。王重阳是陕西咸阳人,生于北宋政和二年(1112年),卒于金大定十年(1170年)。他生逢乱世,其时宋室南渡,大片北方领土沦入金人之手,民族矛盾异常尖锐,战乱频繁不断。史载,王重阳能文善武,是"文武双进(士)",美须髯,形质魁伟,任气好侠。作为宋朝遗民,他对金人残暴的民族压迫强烈不满,于是自称得道,佯狂垢淤,在终南山南时村掘地为穴,封土高数尺,称之为"活死人墓",居于其中,以此表示对金人统治的愤懑和不合作。之后,他赴山东宁海(今烟台市牟平区)等地传教,创立全真教。

他在道教史上的最大贡献是倡导"三教平等",融道、儒、佛三家思想于一炉,成为道教中兴的关键人物。他传授了马钰、孙不二、谭处端、刘处玄、丘处机、王处一、郝大通等7位弟子,号"全真七子",其中以长春真人丘处机最有名。金世宗大定九年(1169年),王重阳率丘处机等四弟子西归终南,途经开封,住在今延庆观所在地的一家王氏旅店,次年无疾而终,享年58岁。王重阳有千余篇诗词传于后世,其中有首诗作于金大定五年(1165年),他在其中预言自己"寿命不过五十八",结果还真应验了。

为纪念他,后人在其逝世地建了一座重阳观,成为在此地修建道教宫观数百年兴衰史的开端。金末,重阳观损毁。元太宗五年(1233年),全真教徒受丘处机遗命,重修重阳观,历时30年,规模宏伟,殿宇壮丽,元帝赐名"大朝元万寿宫"。元末道观又毁于兵火,仅存斋堂一座。明洪武六年(1373年)部分修复,更名延庆观。

延庆观内建筑大都毁坏,现存玉皇阁一座。玉皇阁又名通明阁,系观内原存斋堂,因屡遭水患,基部淤没地下3米多深,经挖掘整修,恢复了原貌。玉皇阁坐北朝南,建筑共三层,通高18.25米,全用青砖、琉璃构件仿木建造,不施梁架,颇似一座蒙古包,结构严谨,富于变化,内供明代真武铜像一尊。玉皇阁下层为方形,四坡顶,室内下方上圆,四角砌出密集斗拱,顶似蒙古包;中层呈棱状,八角实心,八面壁体上附加相互连接的八座悬山式建筑山面,均设鸱吻垂兽;上层为八角楼阁,外设琉璃栏杆,南北各辟1门，内供汉白玉雕玉皇大帝坐像及左右侍臣。阁顶作攒尖式，上盖脊饰犹存蒙古骑士形象，琉璃瓦顶上施铜质火焰玉珠，结构奇特，色彩绚丽。整个建筑是蒙古包与楼阁的巧妙结合，造型奇特，色彩绚丽，国内罕见。

延庆观本来规模宏大，号称"广袤七里"，是全国三大名观之一，现在占地不到4亩。但在开封城，能历近千年而在地面上留下来，已经是个不折不扣的奇迹了。想一想，《清明上河图》只表现了一角的大宋京都现在哪里去了？在开封城下，埋着几座开封古城，这是个城摞城的城市，昔日的皇宫王府都被深埋在了地下，而延庆观能在地面上留下一部分，已不知是幸运还是奇迹了！中华人民共和国成立后，延庆观经多次维修，并逐步恢复一些殿堂。按规划，延庆观占地将扩到17亩，重建重阳殿、丘（处机）殿等，昔日全国名观的风采将重现在世人眼前。

龙 门 石 窟

清晨,当第一缕阳光从伊河东岸的香山寺上掠过,照在西岸卢舍那大佛的脸上,那持续千余年的慈祥微笑显得那样生动,那样神秘,那样撼人心魄!沐浴在清晨的霞光里,千佛洞姿态万千的佛像更显魅力无穷,令人神往!这就是举世闻名的世界文化遗产——龙门石窟。

龙门石窟位于洛阳市南13公里的伊河两岸,这里两山对峙,伊水中流,形若门阙,故称"伊阙",隋朝始称"龙门"。龙门石窟就像蜂房般密布在伊河两岸南北长达1公里的崖壁上。龙门石窟自北魏孝文帝迁都洛阳(493年)始凿,历经400余年的雕刻,现存石窟1 300多个,窟龛2 345个,雕像10万余尊,碑刻题记2 800余块30多万字,佛塔60余座。龙门石窟与敦煌莫高窟、大同云冈石窟并称为中国三大石刻艺术宝库,同时也是世界现存的古典艺术宝库之一。联合国教科文组织世界遗产委员会这样评价龙门石窟:"龙门地区的石窟和佛龛展现了中国北魏晚期至唐代期间(493—907年),最具规模和最为优秀的造型艺术。这些翔实描述佛教中宗教题材的艺术作品,代表了中国石刻艺术的最高峰。"

龙门石窟规模宏大,气势磅礴,窟内造像雕刻精湛,题材丰富,被誉为世界最伟大的古典艺术宝库之一。它以自身系统、独到的雕塑艺术语言,揭示了雕塑艺术创作的各种规律和法则。在它之前的石窟艺术均较多地保留了犍陀罗和秣菟罗艺术的成分,而龙门石窟则远承印度石窟艺术,近继云冈石窟风范,与魏晋洛阳和南朝先进深厚的汉族历史文化相融合开凿而成。所以龙门石窟的造像艺术一开始就融入了对本民族审美意识和形式的悟性与强烈追求,使石窟艺术呈现出了中国化、世俗化的趋势,堪称展现中国石窟艺术变革的里程碑。龙门石窟是北魏、唐代皇家贵族发愿造像最集中的地方。皇室贵族拥有雄厚的人力、物力,他们所主持开凿的石窟必然规模庞大,富丽堂皇,汇集当时石窟艺术的精华,因而龙门石窟是十分具有代表性的。这些洞窟的开凿是皇家意志和行为的体现,具有浓厚的国家宗教色彩,所以龙门石窟的兴衰,不仅反映了中国 5 至 10 世纪皇室崇佛信教的盛衰变化,同时从某些侧面也反映出中国历史上一些政治风云的动向和社会经济态势的发展,因而它的意义是其他石窟所无法比拟的。

龙门石窟中最具有代表性的洞窟是建于北魏时期的古阳洞、宾阳洞、莲花洞、药方洞以及建于唐代的潜溪寺、看经寺、万佛洞、奉先寺、大历伍佛洞等。北魏开凿的石窟全部集中在西山,唐代开凿的石窟则分散在西山和东山。

奉先寺是龙门石窟中最大的一个窟,佛龛南北宽 34 米,东西深 36 米,它是唐高宗为太宗追福而建的,皇后武则天曾助脂粉钱两万贯,于上元二年(675年)竣工。奉先寺是依据《华严经》雕凿的敞开式佛龛,其中的卢舍那雕像,是唐代雕刻艺术中最具代表性的作品,总高17.14米,头高4米,耳长1.9米。据佛经说,卢舍那意即光明遍照。这尊佛像,丰颐秀目,嘴角微翘,呈微笑状,头部稍低,略作俯视态,宛若一位睿智而慈祥的中年妇女。她微微俯视的双眼恰同瞻仰者仰视的目光交会,形象庄严雄伟又不失睿智慈祥,令人敬而不惧。有人评论说,这尊佛像把高尚的情操、丰富的感情、开阔的胸怀和典雅的外貌完美地结合在一起,具有巨大的艺术魅力。整个奉先寺的雕塑群是一个完美的艺术整体。卢舍那大佛两侧还有其弟子阿难、迦叶、胁侍菩萨的雕像,这些雕像,有的慈祥,有的虔诚,再看边上的天王、力士像,则是面目狰狞、咄咄逼人,把主像烘托得更突出。奉先寺雕像体现了大唐王朝强大的物质力量和精神力量,显示了唐代雕塑艺术的最高成就。

宾阳洞由三洞组成,位于龙门西山北部,是北魏宣武帝为孝文帝和文昭皇后做"功德"而营建的。其中宾阳中洞可谓北魏时期的代表性作品。这个洞窟前后用了24年才建成,是开凿时间最长的一个洞窟。洞内有11尊大佛像。主像释迦牟尼像,面部清秀,神情自然,堪称北魏中期石雕艺术的杰作。主像座前刻有两只姿态雄健的石狮,左右侍立两个弟子、两个菩萨。菩萨像含笑凝眸,温柔敦厚。洞中还雕刻着众菩萨、弟子听法的浮雕像,栩栩如生。窟顶飞天仙子的刻画也十分传神。该洞前壁入口两侧原有稀世珍品《帝后礼佛图》浮雕，分别以孝文帝和文昭皇后为中心，组成南北相对的礼佛行进队列，构图严谨，雕刻生动。遗憾的是，《文昭皇后礼佛图》和《北魏孝文帝礼佛图》这两组浮雕被盗卖到了国外，现在分别藏在美国堪萨斯城纳尔逊艺术博物馆和纽约大都会艺术博物馆。

古阳洞是龙门石窟中开凿最早、内容最丰富的一座洞窟，也是北魏时期的另一代表洞窟。公元495年，北魏宗室丘慧成开始在龙门山开凿古阳洞。古阳洞中有很多佛龛造像，这些佛龛造像多有题记，记录了当时造像者的姓名、造像年月及缘由，这些都是研究北魏书法和雕刻艺术的珍贵资料。特别是洞内造像的铭记，字体遒劲，现在流传的"龙门二十品"有十九品出自古阳洞。"龙门二十品"的称号始自清代，所谓"龙门二十品"是指龙门石窟中北魏时期的二十方造像题记，除古阳洞的十九品，另一品在慈香窑。"龙门二十品"是北魏时期书法艺术的精华之作，所展现的书法艺术，是在汉代隶书和晋代隶书的基础上发展演化而来的，字体端庄大方、刚健质朴，既具隶书格调，又有楷书因素，是魏碑体的代表，在中国书法艺术发展史上具有极为崇高的地位。

龙门东山窟龛较少，年代也较晚。看经寺位于东山万佛沟口北侧，大约开凿于武则天时期。正壁和南北壁下部雕刻了29尊罗汉像，神态各异，形象生动，是唐代最精美的罗汉群像。洞顶浮雕环绕莲花的飞天，体态丰润轻盈，衣带飞扬。唐玄宗到唐文宗时期开凿的千手千眼观音像龛，也是比较罕见的唐代艺术珍品。

龙门石窟中还有一个药方洞,刻有150多种药方,反映了我国古代医学的成就。龙门石窟各个洞窟保留了大量的宗教、美术、书法、音乐、服饰、医药、建筑和中外交通等方面的实物史料,可以说它是一座大型的石刻艺术博物馆。

龙门石窟是中华民族的文化瑰宝,也是全人类的优秀文化遗产。2000年1月24日,龙门石窟顺利通过联合国教科文组织的考察评估。2000年11月30日,经联合国教科文组织第24届世界遗产委员会会议审议,龙门石窟顺利列入《世界遗产名录》。

天子驾六

公元前770年,周平王东迁洛邑建都,洛阳可以确认的作为中国之都的历史从此开始。在此之前,周公营造的洛邑只是陪都,而洛阳为商之首都、为夏之首都的说法目前尚不能确认。1954年,周王城遗址在今洛阳王城公园内被发现,但周王陵遗址却一直没能找到。

2002年,洛阳拟在市中心建设一个集行政、商业、金融等各项功能于一体的现代化广场——河洛文化广场。对于这座曾是中国多朝古都的城市来说,随处都有历史的遗迹,所以每一处工程建设之前,都必须进行考古发掘。但就在这次例行的考古发掘中,文物工作队意外地发现了周王陵遗址,共发现397座墓葬和18个大型车马坑,更令人惊喜的是首次发掘出六马驾一车的"天子驾六"车马坑。

对考古工作者和世人来说,"天子驾六"车马坑可谓不期而至。由于市里希望尽快结束考古工作,为河洛文化广场建设扫清道路,且在发掘前的钻探中只能探得马骨,所以后来并没有按车马坑来进行发掘,因而当时20多位直接拿手铲做清理工作的技工大都没有做过车马坑的发掘。结果等发现埋于土下2 000多年的竟是车马时,它的两个轮子已被削去一半,车厢也被削去半拉。

在2 000多年的时光流转中,木头一点儿一点儿腐朽,细土一点儿一点儿入侵,木质腐蚀完了,细土也完全进入了,木头与泥土就这样完成了置换,车子再也不是木头的,而是泥土的了,只是"土车"的土与它周边的土相比,稍微细一点儿、软一点儿。因此,清理车马坑代表着中国考古技术的最高水平,只能凭经验发现车子的存在,靠技术一点儿一点儿地把"土车"从土里剥离出来。幸运的是,当技工发现车厢底部的残存红漆皮时,意识到这是车子,便改变了发掘思路,共用8个月的时间耐心完成了清理工作,因而侧卧车前的6匹马没有受到损坏,而损坏的车子也还能看清是车子的模样。更重要的是,"天子之乘"的"舍身"而出,使考古工作者确认这里就是周王陵遗址,原来考古工作者一直苦苦寻找的周天子的墓地竟然藏在洛阳的闹市之中!

现在看到的"天子驾六"车马坑南北长42.6米、东西宽7.4米,葬车26辆、马68匹、犬7只、人1位,车子呈纵向东西两列摆放,头南尾北。两列车队从北往南数第二辆车子的车辕两侧共置6匹马,东侧3匹侧卧向东,西侧3匹侧卧向西,排列整齐有序,清晰地表示着这6匹马和这辆车组成"六马驾一车"的关系。与"驾四"和"驾二"相比,"天子驾六"车厢稍大一些,车辕左右各3匹马,马的头部以车辕为中心,两边相对。从马的骨架、车厢底部和车轮的比例来看,"天子驾六"的车马是马大、车小、轮高,这样不仅能保证速度,而且能保持平稳。

"天子驾六"车马坑阵容显赫、规模宏大,考古专家认为该车马坑不仅为目前全国仅见的两座东周时期的大型车马坑之一,更重要的是,它的发现结束了自汉代以来夏商周三代"天子驾六马"与"天子驾四马"的争论。在天子制度中,车舆制度至高无上,"九锡:一曰车马,二曰衣服,三曰乐器……"早在夏代,就设有"车正"职位,有过"建其旂旐,尊卑上下,各有等级"的乘车标准。许慎曾言"(夏商周)天子驾六,诸侯及卿驾四,大夫驾三,士驾二,庶人驾一",《史记》记载秦始皇"制乘六马",但《后汉书》称"今帝者驾六,此自汉制,与古异耳"。"天子驾六"车马坑的发现结束了这场持续了2 000多年的关于夏商周时期天子驾六还是驾四的争论。在"天子驾六"车马坑周边四万平方米的范围内,考古工作者共发现或钻探到东周时期的陪葬车马坑或马坑30多处、墓葬700多座,而确认这些墓葬是周王室家族墓葬的关键,就是"天子驾六"的发现。

目前的考古探索证实,在这700多座墓葬中,"甲"字形大墓只有四座,处在东北角的一个车马坑,规模和现在被发掘出来的"天子驾六"车马坑规模相当,它有没有"天子驾六"尚需考古发掘予以证实。其实,早在2000年,洛阳市考古工作者在配合洛阳市二十七中基建项目的考古发掘中,就发现了一座墓室呈"亞"字形、有四条墓道的大墓及一座墓室为方形、有两条墓道的"中"字形大墓。另外,在"亞"字形墓的东北角还发现并列陪葬的车坑、马坑,它们相隔仅1米。据安阳殷墟的考古发掘经验,"亞"字形、"中"字形大墓必为天子之墓。著名的后母戊鼎的出土墓只是个

"甲"字形墓室,而出土1928件随葬品的妇好墓只是个竖井,没有墓道。"亞"字形、"中"字形大墓在洛阳考古史上前所未见,到目前也没有发现新的"亞"字形、"中"字形大墓。从形制上说,"甲"字形墓比"亞"字形墓低两个档次,比"中"字形墓低一个档次。遗憾的是,现代化的挖土机铁臂挥动,很快挖好了七层高楼需要的地基,而这座"亞"字形大墓在人类历史上永远消失了。

但幸运的是,"天子驾六"车马坑终于被完整地保存了下来,洛阳市也及时调整设计方案,在东周文化广场建起了以原址保护展示东周时期大型车马坑为主体,以东周王城概况、近年来王陵考古的新发现及部分东周时期珍贵文物为辅的"王城、王陵、王器"专题博物馆——天子驾六博物馆。整个博物馆占地1700多平方米,分为两个展区。第一展区分四个板块:洛阳地区五大都城与当代洛阳位置关系图版,东周王城概况,王陵的探索与发现,珍贵的东周文物。自第一展区向西穿过一段走道,便是第二展区,此处展示的就是东周时期的大型车马坑,其中北边一座车马呈纵向两列摆放,宛如出行阵列的场面,"天子驾六"车马坑即在其中,这是世界上唯——处原址展示的"天子驾六"。

释　　源

出洛阳城东行12公里,可见到一座禅寺,它北依邙山,南望洛水,殿阁峥嵘,宝塔高耸,钟声常鸣,香火旺盛。其肃穆庄严的神圣气象,让人一望即知是一座古刹名寺。这就是中国第一古刹——白马寺。

佛教究竟何时传入中国,说法不一,但认为是在公元前后传入的说法则有据可考。而佛教传入中国后官方修建的第一座寺院就是白马寺,距今已有1 900多年的历史。东汉永平七年(64年),明帝遣使赴西域拜求佛法。永平十年(67年),天竺高僧摄摩腾、竺法兰应汉使之请,以白马驮载佛经、佛像来到国都洛阳。翌年,明帝昭命于雍门外兴建寺院,为铭记白马驮经之功,命名为白马寺。白马寺建成后,摄摩腾、竺法兰两位高僧在这里译出了我国第一部汉文佛经——《四十二章经》。从此,佛法开始在东土传播,白马寺逐渐成为中国佛教活动中心,并吸引日本、朝鲜、越南等地僧人前来拜佛求法。到北魏时,有3 000多名西域僧人来到洛阳进行佛学交流。白马寺的兴建,使佛教广为传播,对中国的思想文化等产生了重大影响。因此,千百年来,白马寺一直被东亚文化圈奉为"释源""祖庭"。

白马寺坐北朝南,主体建筑分布在南北中轴线上,进入山门依次为天王殿、大佛殿、大雄殿、接引殿、毗卢阁等五层殿堂,从前到后依自然地势,渐次升高。山门东西两侧有摄摩腾、竺法兰二位高僧墓。清凉台、毗卢阁及其左右两侧的法宝阁、藏经阁等居其后。中轴线两侧左右对称、整体建筑结构严谨。白马寺西侧有一泰式佛殿,内供一尊7米高的泰国镀金佛像;寺东南200米处,有一座释迦舍利塔,风格与西安小雁塔相仿,又名齐云塔。

白马寺山门外有四柱三间石牌坊一座,过牌坊即放生池,有三石拱桥跨池南北,池周围石栏环绕,善男信女可临池放生。左右两侧绿茵铺地,中心设花池,真乃庄严净土。

齐云塔为中国第一古塔,创建于东汉永平己巳年(69年)。据《释源大白马寺齐云塔灵异记》记载,己巳年二月八日,汉明帝刘庄驾临白马寺,会见摄摩腾、竺法兰二位印度高僧。当时摄摩腾问:"寺之东南是何馆室?"帝曰:"很早以前,那里忽然涌起一个土阜,高丈余,人们把它铲平,接而复出。其上时放光明,百姓皆以为奇,故称'圣冢',自周代以来,经常祭祀,祈求灵验,然情由未知。"摄摩腾道:"《全藏》有云,如来灭度百年之后,有阿恕伽王,安放佛舍利于天下,共有84 000处,东土中国有19处,陛下所言'圣冢',即其中一处。"由此,帝便下诏,于"圣冢"之上,依二位高僧所传印度佛塔样式,建佛塔9层,高500余尺,岌若岳峙,号曰"齐云"。齐云塔初建为木塔,后毁于雷火。现存之齐云塔高35米,共13层,为金大定十五年(1175年)所重修,故又称"金方塔",距今已有800多年的历史。齐云塔有一奇:站在齐云塔南面约20

米处用力击掌,便可听到从塔身发出"哇哇"的声音,和青蛙的叫声很像。这是塔面上凹凸不平,使回声不齐引起的一种声学现象。三门峡宝轮寺塔也有此特点。齐云塔院坐北面南,占地40余亩。白马寺已故方丈海法法师募资百万,修建了禅堂、教室、观堂、僧房等30余间及山门、碑廊,白马寺成为河南第一座比丘尼道场。

白马寺东南、西南两角,有两座方形角楼,东楼悬钟,西楼架鼓。晨钟暮鼓,已鸣响千年,这就是历代文人骚客叹咏礼赞的洛阳八景之一、白马寺六景之一的"马寺钟声"。"洛阳两古钟,东西相和鸣。"据史书记载:白马寺原有一口大钟,每当月白风清之夜,更深人静之时,僧人杵击,钟声四野传响。更妙的是,只要白马寺的大钟一响,远在12.5千米之外的洛阳城钟楼上的大钟也会应声而鸣!这口大钟是由明代太监黄锦等铸于嘉靖三十四年(1555年),高1.65米,重2.5吨,造型古朴大方,钟声浑厚悠扬,轻轻一击,余音袅袅,历久方息。为恢复"马寺钟声",近年来洛阳修建了现在的新钟、鼓楼,重新敲响了"马寺钟声"。

天王殿是寺内的第一层大殿,歇山顶,正脊中央饰圆形"佛光","佛光"两旁雕龙塑莲,两端饰鸱尾,脊正面有"风调雨顺"四字,脊背面有"国泰民安"四字。此殿是元代的建筑,明、清两代重修。殿内两侧供奉着四大天王像,故名天王殿。殿中间供奉的是一尊满面笑容、赤脚打坐、右手持念珠、左手握布袋的弥勒佛。弥勒佛龛,乃一贴金雕龙木龛,龛顶和四周共雕有50多条不同姿态的龙,雕工精细,活灵活现,乃清代的上乘木雕艺术品。弥勒佛背后的站像,乃韦陀菩萨,他是南方增长天王的八大神将之一,居四天王三十二神将之首,他左手持降魔杵,右手擎须弥山,承担护持道场的任务。

大佛殿是白马寺的主体建筑,殿顶九脊,筒瓦覆盖,飞檐挑角,斗拱华盖。正脊上有"佛光普照,法轮常转"八个大字,是明代所建。大佛殿供奉的主尊佛像为释迦牟尼佛,他"大慈大悲,大智大觉,法力广大",故名"大佛殿"。释迦牟尼左边站立的是摩诃迦叶尊者,右边站立的是阿难尊者,是其十大弟子中的两个。释迦佛左右两侧的坐像分别是文殊菩萨(手持经卷)、普贤菩萨(手拿如意),分别是智慧与德行的化身。这三尊像又称"释迦三圣",为明代泥塑。外边两侧站立着散花天女。

大雄殿本为元代所重建,在明清时期曾重修。该殿中央置巨大的木雕贴金双层佛龛,精雕细刻,金碧辉煌,十分壮观,上有大鹏展翅,蛟龙飞舞。旁设楼梯,可供人上下,可谓"殿中楼阁"。天棚上画着莲花图案,色彩艳丽,墙壁上挂着万尊木刻壁佛。三尊主佛慈眉善目,端坐中央,两位天将韦陀、韦力,手持法器,守卫左右。十八罗汉分列两旁,栩栩如生。这是寺内造像艺术最为精湛、装饰最为富丽的一层大殿。殿内三尊主佛,中间是释迦牟尼佛,乃娑婆世界的"教主";左边药师佛,是东方净琉璃世界的"教主";右边阿弥陀佛,是西方极乐世界的"教主"。此三尊佛被称为"横三世佛"。"罗汉"为梵语的音译,"阿罗汉"的简称,是小乘佛教所追求的最高的理想果位。此殿中的十八罗汉造像,坐姿不同,神情奇特,栩栩如生。该殿的三尊主佛、两位天将、十八罗汉,皆为元代"夹纻干漆"造像作品。大雄殿后门面北站立的韦力天将,为寺内现今仅存的一尊元代泥塑作品。

接引殿是寺内最小的一层殿。原殿火焚于同治元年(1862年),再建于光绪九年(1883年)。殿内供奉主尊佛像为西方极乐世界的"教主"阿弥陀佛,手呈接引状。佛经上说,只要一心不乱,持念阿弥陀佛名号,临终时,阿弥陀佛一定会放光接引你到西方极乐世界,故此殿名"接引殿"。左侧手持净瓶的是观世音菩萨,右侧手持宝珠的是大势至菩萨。这一佛二菩萨被称为"西方三圣"。此为清代泥塑作品。

清凉台位于寺院后部,是一座雄浑古朴、蔚为壮观的砖砌高台,东西长42.8米,南北宽32.4米,高约6.5米,重修于明代嘉靖三十四年(1555年)。相传清凉台原是汉明帝刘庄乘凉、读书的地方。永平年间,蔡愔等取经回来后,即把所取经典和佛像供奉在此台上,同来的印度二位高僧也在此台上禅居和译经传教。第一本汉文佛经《四十二章经》便是在这里译出问世的。自东汉后,此台均为历代藏经之处。

清凉台西北隅挂有"方丈"二字,为现任方丈禅居之处。

毗卢阁是寺内最后一层殿,高耸于清凉台之上,重檐歇山,飞翼挑角,巍峨峭拔,古香古色,具有古建筑的独特风格。该殿面阔15.8米,进深10.6米。始建于唐代,元代重建,明代重修。毗卢殿内正中置木雕佛龛，龛内佛坛上供奉着三尊塑像，正中的主尊为释迦牟尼佛的三身之一，清净法身毗卢遮那佛；左边为文殊菩萨，背光中有青狮；右侧为普贤菩萨，背光中有白象。这里的一佛二菩萨合称为"华严三圣"。此为清代塑像。毗卢阁前，东有摄摩腾殿，内供摄摩腾塑像；西有竺法兰殿，内供竺法兰塑像。金人西应，宝籍东来。二位高僧引慈云于西极，注法雨于东垂。后人为纪念二位开山始祖弘法布教之功，特在中国第一译经道场——清凉台建摄摩腾、竺法兰二殿。

天下第一关帝庙

在中国,有两位公认的圣人,一位是"文圣"孔子,一位是"武圣"关公。在文人的心目中,孔子的地位是至高无上的。但实际上,关公受到的崇拜祭祀可能远胜孔子。据记载,清代中叶,仅京城之内,拜祀关公的庙宇,便多达116座,再加京畿郊县,关庙总数竟在200座以上,远远超过了京城当时的孔庙。所谓"县县有文庙,村村有武庙",正是在中国封建社会后期各界普遍祭拜孔子和关公的真实反映,也表明对关公的祭拜要更普遍一些。明代王世贞曾惊呼:"故前将军汉寿亭侯关公祠庙遍天下,祠庙几与学宫、浮屠等。"而清代赵翼更是惊叹道:"今且南极岭表,北极寒垣,凡儿童妇女,无不震其(关公)威灵者。香火之盛,将与天地同不朽。"

关公之所以能受到人们远甚于孔子的虔诚拜祭,其中可能暗藏着实用的、功利的因素。孔子思想的核心是"礼"和"仁",要求人们在内心要恪守道德规范,克己私欲以完善自我,而外在的行为则要严格遵守尊卑秩序,合乎礼义。所以孔子思想从根本上要求人们克制私欲,完善自我,成全社会。而关公的精神,则体现为"忠""信""义""勇",虽然对人也有内在的道德要求,但一个事事把"忠""信""义""勇"放在首位考虑的"武圣",显然不仅有能力,而且也愿意尽力保护他人,为大家带来福祉安康,这使关公实际上在人们的心中成了保护神。关公也因此日益受到大家的虔敬拜祀。

明清以来,关庙随处可见,虽有损毁,但保存下来的仍然很多。所有关庙中,关公葬首处洛阳关林、葬身处当阳关陵、出生地解州关帝庙并称三大关帝庙。而关林是唯一冢、庙、林三祀合一的古建群,是封建品级最高、地位独尊的"武圣陵寝",位居全国三大关帝庙之首。

关林位于洛阳城南8 000米处,前为祠庙,后为墓冢。史载,公元219年,吕蒙白衣渡江,关羽失荆州,败走麦城,后遭杀害。孙权为嫁祸曹操,将关羽首级盛于木匣,派人星夜送至洛阳。曹操识破孙权之计,便刻木为身,以王侯之礼,葬关羽于洛阳城南,亲自拜祭,并追赠关羽为荆王。蜀汉则追谥其为壮缪侯。北宋宣和五年(1123年),宋徽宗赵佶封关羽为义勇武安王;明朝万历二十二年(1594年),关羽被晋爵为帝,庙曰英烈;万历二十四年(1596年)始建庙植柏,同孔子一起作为文、武圣人祭祀;万历四十二年(1614年),又被敕封为三界伏魔大帝神威远镇天尊关圣帝君。自宋以来,关公屡被追封,"侯而王,王而帝,帝而圣,圣而天,褒封不已,庙祀无垠"。清代乾隆时,关林又加以扩建,始形成今天的规模。按照封建礼制,关羽被尊为"武圣",其墓园称"关林",同孔子墓园称作"孔林"是同一规制。

关林北依隋唐故城,南临龙门石窟,西接洛龙大道,东傍伊水清流,占地百亩,从南向北依次布列着舞楼、大门、仪门、石栏板甬道、月台、拜殿、大殿、二殿、三殿、石牌坊、碑亭,最后为关冢;轴线两侧对称耸立着钟楼、鼓楼、华表、焚香炉、配殿、长廊等,设计巧妙。这些构成了关林巍峨宏大的建筑格局,其主体建筑上的龙首之多,为中原之最。

舞楼,又名千秋鉴楼,位于广场上,为旧时"灯影锣鼓话兴亡"的所在。关林正门为五开间三门道,朱漆大门镶有81个金黄乳灯,享有中国帝王的尊贵品级。大门两侧石狮肃穆含威,仪门左右的铁狮重达1.5吨,均系明代旧物;仪门"威扬六合"匾额为慈禧太后御笔;连接仪门和拜殿的石狮御道为海内外关庙所独有,甬柱顶雕石狮104尊,百狮百态,圆润生动,毫无石刻的生硬之感,代表了乾隆时期中原石刻艺术的最高成就。

大殿是关林最雄伟的建筑,面阔七间,进深三间,高约20米,总面积为760平方米。庑殿顶上,琉璃瓦覆盖,五脊横立,六兽扬武,飞檐斗拱,朱柱盈围;四檐角饰以庞涓、韩信、罗成、周瑜四将,悬以铁马金铃。殿内暖阁三间,透雕花龙。大殿正门上,有木刻浮雕关公故事图,内容为桃园三结义、三英战吕布、水淹七军、三顾茅庐、单刀赴会、挑锦袍、斩颜良、诛文丑等,共12幅;还有二龙戏珠、凤凰戏牡丹、龙戏凤等图案,刻工精细,构图美妙。殿正中为关公身着帝王冠服的坐像,面上涂金。左边是周仓、廖化,右边是王甫、关平,周仓持刀,关平捧印,皆穿铠甲,廖化、王甫则是文职装束,面带笑容。五尊像皆高五六米,背后又有关羽、关平和周仓三人的戎装像。

二殿即武殿，上面的匾额"光昭日月"为光绪题字，殿内正面为关羽怒视东吴戎装像，关羽长髯飘洒、端庄威严，关平按剑于左，周仓持刀于右。前檐下绘有斩颜良、诛孔秀、大战夏侯惇、古城会等故事图。后门上方绘有华容道义释曹操、东吴赴宴、水战庞德等故事。二殿左右各有一座硬山式陪殿，左为张侯殿，右为五虎殿。

三殿即春秋殿，硬山式，面阔五间，规模较小，内塑关羽夜读《春秋》像、关羽出行图和睡像，故又称"寝殿"。三殿厅内有关公秉烛看《春秋》的坐像及卧像。据说关公卧像有个机关，按动机关卧像即可坐起，但现机关损坏，无法看到塑像坐起的样子。

关林后院还建有一座清代石龙碑亭，也称八角亭，建于清康熙五年（1666年），构筑奇巧，别具一格。亭内石碑高4.8米，碑头雕龙，额题篆书"敕封碑记"。碑正面书题"忠义神武灵佑仁勇威显关圣大帝林"，为关羽的最高封号；碑阴为董笃行所撰《关圣帝君行实封号碑记》，内容为关羽生平、封号及建庙情况。亭前有石坊，高6米，宽10米，正额题"汉寿亭侯墓"，坊上题联甚多，皆为明清书法作品。关羽墓在轴线建筑最后，俗称"关冢"，平面为不规则的八角形，围墙用砖砌，占地约250平方米，冢高10米，犹如山丘，传说关羽首级就埋葬在此冢内。

关林古柏千章，葱茏回合，每当大雨急住乍晴，云气如烟，似袅袅香篆，悠悠绕冢流走，奇幻之景，令人拍案称奇。此即"关林翠柏",是"洛阳八小景"之一。

"关公信仰"是中华民族的一种文化现象,是沟通海内外华人的桥梁和纽带。每年9月29日,这里都要举办关林国际朝圣大典,海外关庙人士和宗亲组织云集关林,举行隆重的朝拜仪式。作为忠义的化身,关羽代表了一种民族精神,关林也成为全球华人谒拜致祭、祈福避禳的圣地。

千唐志斋

铁门,古称阙门,东去洛阳40余千米,是新安县的一个小镇。但正所谓"山不在高,有仙则名",铁门因为有了张钫和他的千唐志斋,遂闻名遐迩。

铁门东临函谷,西扼崤山,青龙、凤凰两山对峙,南、北涧水环镇东流。镇西北有私人花园名"蛰庐",千唐志斋即位于其中。

洛阳自东周以迄宋、明,都是人文荟萃之地。城北邙山,东西绵延百余千米,雄浑逶迤,土厚水低,宜于殡葬,历代帝王将相、富户巨商,都认为此处是风水宝地,纷纷在此选墓安葬,遂有"生在苏杭,葬在北邙"之说。邙山因此成为我国古代最为集中浩大的墓葬区,墓冢之多竟至"北邙无卧牛之地",故王建有诗云:"北邙山头少闲土,尽是洛阳人旧墓。"清末民初,盗墓成风,加上清末修陇海铁路取线邙山脚下,掘出的志石被弃置于民间田舍,墓穴自然塌陷,或农民耕作,或触掘坟茔,等等,致墓志不断出土,散及寻常百姓家,或暴露荒野。

张钫,字伯英,号友石,早年参加同盟会,是辛亥革命时期陕西新军起义的主要策动者之一,在孙中山发动护法运动时任陕西靖国军副总司令,20世纪30年代任国民革命军20路军总指挥、河南省政府代理主席等职,1949年底在成都起义,1951年任全国政协委员。20世纪20年代初,张钫先生隐居铁门,营造了广及百亩的私家园林。康有为游陕过豫,张钫先生邀其至园中,谈书论画,赋诗抒怀,为园林题名"蛰庐"。张钫酷爱金石字画,除康有为外,与于右任、章炳麟、王广庆等都交往甚密,在他们的影响下,于1931年开始在洛阳北邙一带广泛搜罗墓志石刻,兼及碑碣、石雕,运至蛰庐。因张钫事先曾与于右任达成协议,魏志归于而唐志属张,故张钫的收藏以唐志为多,而近300方北魏墓志都由张钫先生送归于右任,于氏运至陕西三原老家,中华人民共和国成立后收入西安碑林。现在我们在西安碑林看到的碑廊展示的魏碑,皆为洛阳所出。

为妥善保存收藏的碑刻,张钫在蛰庐内建了一条走廊、三座天井院、十五孔砖窑,将收来的志石镶嵌于内外墙壁上,排列有致,成为我国唯一的一座墓志铭博物馆。因藏品多为唐代墓志,故张钫将斋命名为"千唐志斋",章炳麟用古篆为之题额,并在尾部缀有跋语:"新安张伯英,得唐人墓志千片,因以名斋,属章炳麟书之。"

千唐志斋藏品未镶嵌部分,除于抗日战争时期运陕捐赠陕西博物馆数百块外,历经变乱,散佚不少。据1935年郭玉堂、王广庆编订、西泠印社出版发行的《千唐志斋藏石目录》载,千唐志斋藏石共计1578件。现斋内尚存各类藏石1419件,其中西晋志1件、北魏志2件、隋志2件、唐志1191件、五代志22件、宋志88件、元志1件、明志30件、清志2件、民国志7件,此外尚存有墓志盖19件,以及其他各类书法、绘画、造像、经幢、碑碣等54件。

千唐志斋所藏唐人墓志占我国出土唐墓志总数的三分之一以上,上起武德、贞观,历盛唐、中唐以迄晚唐,其中包括武则天的改元,安禄山的僭号,无不尽备。志主身份自相国太尉、皇亲贵戚、藩镇大吏、刺史太守而至尉丞参曹、处士名流、真观洞主、宫娥彩女等。这些墓志记载着形形色色的人物及社会、政治、经济、军事、文化、外交等方面的情况,提供了极为难得的资料,起着证史、纠史、补史的重要作用。千唐志斋的墓志铭有两大作用,一为纠史,一为观书,可以说是一部石刻唐书,一部最原始的唐人档案,一幅波澜壮阔的唐人生活画卷,一部形神皆妙的唐代书法演变史。

千唐志斋还收藏有历代书画大家的书画石刻,其中有南朝王弘所书的行草条幅,宋代米芾的行草对联,元代赵孟𫖯的楷书碑文,明代董其昌所书横披,清代"神笔"王铎及刘墉、邵瑛、韩东篱、郑板桥等人的墨迹。此外还有由蒋介石撰文、贺耀祖手书、国民党43名省级党政军官员署名、为张钫先生庆祝七十寿辰的匾"贺寿序"石刻。而被誉为"近代三绝"的原斋主人张钫之父张子温墓志,由章炳麟撰文,于右任书丹,吴昌硕篆盖,集近代文章、书法、篆刻名家之大成,是尤为罕见的珍品。

河图之源

河洛文化是中华民族的根文化,历代先贤都把"河图洛书"视为中华文明赖以发端的根基。《周易》曰:"河出图,洛出书,圣人则之。"《尚书·顾命》伪孔安国传谓:"伏羲王天下,龙马出河,遂则其文以画八卦。"故先儒有"龙马负图"之说,龙马负图寺即据此而建。

相传,上古时期人文始祖伏羲氏带领部落在黄河一带繁衍生息,过着茹毛饮血、时序不辨、阴阳不分、结绳记事的生活。其时,孟津东部有图河与黄河相接,有龙头马身怪兽从黄河上踏波而来,伏羲氏见龙马背负神秘的图点,依龙马之图画出了乾、兑、离、震、巽、坎、艮、坤为内容的卦图,后人称为"伏羲八卦图",也叫"先天八卦图"。伏羲氏仰观象于天,俯察法于地,用阴阳八卦来解释天地万物的演化规律和人伦秩序,造书契、正婚姻、教渔猎,结束了人们茹毛饮血、结绳记事的蒙昧历史,开创了中华文明。龙马负图寺遂成为"河图之源",伏羲氏则被奉为中华民族的"人根之祖""人文之祖"。《汉书·孔安国传》曰:"龙马者,天地之精,其为形也,马身而龙鳞,故谓之龙马,龙马赤纹绿色,高八尺五寸,类骆有翼,蹈水不没,圣人在位,负图出于孟河之中焉。"

龙马负图寺位于孟津县会盟镇雷河村,是在图河故道上建起的第一座祭祀场所。龙马负图寺始建于晋永和四年(348年),初名"浮图寺",永嘉时改为"河图寺",梁武帝改称"龙马寺",唐高宗时更名为"兴国寺",明嘉靖四十二年(1563年)叫"负图寺",清乾隆十九年(1754年)又改为"羲皇庙",民国后又称为"负图寺"。1932年1月4日,蒋介石偕宋美龄,由陈继承陪同,游览负图寺,并题"河图洛书"四字。

龙马负图寺因历经战乱,屡建屡废。后来,孟津县委、县政府修复负图寺大殿,重修伏羲龙马像,并建山门一座,在图河架石桥三座,逐步恢复寺院原貌,使其发展成为中华儿女的祭祖圣地和"河图洛书"的研究中心。

龙马负图寺北临黄河,南依邙山,寺前紧邻图河故道。寺院为三进院落结构:一进为山门、鼓钟楼,山门东西分立"图河故道""龙马负图处"两通巨碑;二进为伏羲、文王、孔圣三殿,单檐歇山式琉璃吻兽砖木结构;三进为正殿——三皇殿,重檐庑殿顶结构,高台建筑,明七暗五,殿高21米,宽30米,雕梁画栋,金碧辉煌。殿内伏羲像居中,炎、黄二帝塑像分列左右,三人皆中华民族始祖,华夏文明的肇造者。大殿顶部据《易经》"观天象于天"句,底为天蓝色,中有伏羲六十四卦方位图,卦象黑白相间,中为金色北斗七星图,斗柄回转,寓意四季。又据《易经》"时乘六龙以御天"语,顶部两侧各绘龙三条,金四乌二。四角写有"元""享""利""贞"四个吉祥字。龙马负图寺内现存最为珍贵的应数石刻石雕。"图河故道""古河图""一画开天""渊源"等,字迹苍劲,刀法古拙,可谓稀世珍品,山门内新塑有踏波而行的龙马雕像等。碑廊内刻有刘大钧教授校点的《周易》经传全文,气势恢宏浩大。刘大钧教授还为此碑刻经传全文撰写了一篇文辞优美的前言。羲皇殿另一侧则镶嵌有20余通宋、明、清三代著名理学家、书法家程颐、朱熹、邵康节、王铎、张汉等撰写的碑、铭、诗、赋。这些碑刻对研究《易经》和书法艺术都有重要价值。

  龙马负图寺经修复后香火日盛,成为华夏子孙寻根问祖、探究河洛文化的上佳去处。

见汝之奇

我看到了闪烁的星辰。

小而简陋的显微镜贴在汝瓷表面上,慢慢调整焦距,就像用天文望远镜观察浩瀚的宇宙,眼前的景象让我震惊。

"秋劲拒霜盛,峨冠锦羽鸡。已知全五德,安逸胜凫鹥。"宋赵佶在《芙蓉锦鸡图》上用他独创的瘦金体题上了如此诗句。诗虽如此,赵佶肯定是五德不全的,否则他也不会招致亡国并遭受奇耻大辱,但当时的赵佶想不到这些,他满意地把玩着天青釉弦文樽,抑或是三足樽承盘,陶醉于雨过云破的天青之色,沉迷于瓷器开片的残破之美,看到瓷器上的冰裂纹与他的瘦金书神韵竟如此相似,益发爱不释手。那时,他也许看到了釉面下稀疏的釉泡,但未必知道,换种方式观察,在这奇异裂纹的表象下,其实还有着别样的神奇!

"诸事皆能,独不能为君耳。"这是脱脱修《宋史》时写完《徽宗本纪》后对赵佶的评价。精通文艺而不堪为帝的当然不只有赵佶。当年,赵佶的祖上掳了南唐后主李煜到汴京,使这位词帝成了亡国之君。"生时梦李主来谒,所以文采风流,过李主百倍。"这是中国古代修史说到奇人时的俗套,当不得真。赵佶却真真儿地成了李后主的翻版,而且他落入胡人之手,遭遇更加不堪。

赵佶笃信道教,似乎琴棋书画无所不精,审美上自然不喜粗野而偏爱雅致内敛一路。他继位后,觉得以前官窑白色有芒的定瓷粗俗了些,特别希望能用上犹如"雨过天青云破处"的天青之色的瓷器。有芒当然只是一个说辞。所谓有芒,有两种不同的解释,或认为"芒"就是"芒口",或认为"芒"指定州白瓷白光刺眼。若指"芒口",改革"覆烧法"很容易就可以去除定瓷之"芒"。若指刺眼白光,那就纯粹是审美的问题了。所以,问题的关键还是审美更讲究精细化了。道教崇尚自然,《老子》中有"天得一以清"之说,意即"天"因得"一"这个万物生发之本而"清",天青即为天之本色,蕴含万物生发之意。而赵佶这位"教主道君"不仅笃信道教,更是贵为天子,自然对天青之色有着特殊的喜爱。传说当年赵佶梦中见到雨过天青之色,不能自已,于是大笔写下"雨过天青云破处,者般颜色作将来"的旨意,命匠人烧造。不知道赵佶是用什么字体写下的这些字,我相信应该是瘦金体。此说大约出于附会,因为很多资料是把这句话的版权归在了周世宗柴荣的名下,说是柴荣对柴窑烧制的要求。可惜的是,柴窑瓷器现在一件也见不到,真伪自然难以辨别。汝州当地说是发现了柴窑窑址,不过并未被确认。我是更愿意相信此话出自赵佶的。无论如何,当了皇帝就是不一样,赵佶一声令下,青瓷的烧造就红火了起来。叶寘生活在南宋,距赵佶在位要晚上大几十年,他的《坦斋笔衡》有如下记载:"本朝以定州白瓷器有芒不堪用,遂命汝州造青窑器,故河北唐、邓、耀州悉有之,汝州为魁。"于是汝瓷代替定瓷成为北宋宫廷用瓷。

汝窑原产于汝州,包括今汝州及其周边的宝丰、鲁山、郏县、汝阳等地,现在通过考古已在此南北150多千米的范围内发现多处古窑址,大致分为两个自然区和六个生产区。一般人欣赏汝瓷,总会被其釉色和开片所吸引,不大注意胎质。其实,辨别汝瓷,特别是北宋官窑汝瓷,胎质也是一个重要因素。汝瓷胎质细腻,胎骨坚硬,汝州文庙、清凉寺和蟒川严和店、大峪东沟等窑址所产汝瓷,因胎土中含有微量铜元素,迎着光可以看到微微的红色,这种灰中略带黄色的胎质,俗称"香灰胎"。当然并非只有"香灰胎"才是北宋官窑汝瓷胎质的特征,汝州张公巷汝窑器,胎质就呈灰白色,相比其他窑口的瓷器,胎色要稍白一些,这种胎质也是北宋官窑的特征。

汝瓷之为人珍视的自然还是它的釉。有一句顺口溜把汝瓷的特征归纳得非常贴切:"青如天、面如玉、蝉翼纹、晨星稀,芝麻支钉釉满足。""足"在汝州人的读音中是撮口呼而非合口呼,因而读来基本还是押韵的。

"青如天",自然说的是汝瓷的天青釉,也就是徽宗念念不忘的"雨过天青云破处"所呈现的颜色,或形容如"千峰碧波翠色来"。当然汝瓷并不只有天青色,当时人以天青为贵,粉青为上,天蓝弥足珍贵。"天青"被形容为"急雨初霁之色,时天光大亮,恬然淡雅,气定神闲,舒卷随云"。粉青或谓豆青,被形容为"止水镜天之色,苍穹入水,翠青交映,低头偶得,顿悟释然"。"天蓝"则

"一曰'正天青',又或'重天青',万物一始,深沉雄奇,天色玄幽,一色纯净"。其他还有月白之色,此外皆非汝瓷标准色。

"面如玉",是指汝瓷釉面滋润柔和,纯净如玉。前人形容汝瓷"汁水莹泽,含水欲滴,釉如膏脂溶而不流,其釉厚而声如磬,明亮而不刺目",因赞其"似玉非玉而胜似玉"。汝瓷釉之所以有这样特殊的色泽,关键在于釉料中含有玛瑙。宋时周辉在《清波杂志》中记载:"汝窑宫中禁烧,内有玛瑙为釉,唯供御拣退,方许出卖,近尤难得。"以玛瑙为釉的汝瓷初时民间尚有使用,到徽宗政和年间,这位孤家寡人就垄断了汝瓷的使用权,并由京师自置窑烧造,汝瓷只能为皇家专用,臣庶不得使用。

"蝉翼纹",说的是汝瓷的开片。汝瓷出窑之时,可以听到一阵阵噼噼啪啪的爆响声,这就是汝瓷开片的声音。甚至在汝瓷出窑后多时,将其置于家中,夜深人静之时,仍可偶尔听到开片的响声。瓷器的开片并非汝瓷独有,北宋官、哥、钧窑瓷器同样有开片。所谓开片,其实是釉层较厚的瓷器,胎质和釉面因受热后膨胀比不同在冷却后出现的撕裂,坦率而言应该是一种残缺。而宋人却将这种残缺发展为一种审美。钧瓷虽有开片,但人们对其欣赏主要在釉色的变化而非开片的纹路。官、哥二瓷,釉面开大的裂纹,出窑后往往会沁色以强化这种特征,于是就有了一种豪放之气。而汝瓷,却将对开片纹路的欣赏向纤细精微的方向发展。汝瓷的特点是器表呈蝉翼纹般细小开片,有"梨皮蟹爪芝麻花"之谓。仔细观察汝瓷的釉面,会看到其开片较细密,大多斜裂,深深浅浅，相互交织叠错，片片如鱼鳞，纹状似蝉翼，釉中有细小沙眼，这些纹片于是被形象地称为鱼子纹、芝麻花和蟹爪纹。我一直以为，徽宗如此喜爱汝瓷，与其精雅细微的审美感悟力有关，但他的审美也确实发展到了一种近乎病态的程度。汝瓷开片的纹路常常让我想到徽宗的瘦金体书法，其实他的行草书尽得古人法度，有着极高的水平，可他偏偏搞出一种纤细而力量外现、线条首尾夸张顿挫的书体。徽宗的瘦金体书法，首尾顿挫处颇类蟹爪之纹，观之恰如汝瓷之开片，让人总会为其于残缺中呈现之奇而惊、而叹。是否冥冥中这也是徽宗国破被俘的一个隐晦的暗示？

"晨星稀"，说的是汝瓷釉下寥若晨星的气泡。被前人和开片纹路混在一起说的鱼子纹，即釉中沙眼，其实是被封固于釉中的气泡。我用显微镜看到的如天空星辰般的景象，正是这些气泡在玻璃质釉中的显现。当年，徽宗被囚于极北的五国城（今黑龙江依兰）时，在寒夜的枯井中，坐井观天，那被井口局限的天空，想必也如我在显微镜中看到的被镜筒局限的"天空"，深邃而有"星辰"闪烁。

"芝麻支钉釉满足"，说的是汝瓷的烧造工艺。当年定窑因采用覆烧之法，使器口有芒，讲究到极致的徽宗当然不允许这种情况再出现，于是汝窑采用了满釉裹足支烧的工艺，器物底部留有如芝麻大小的支钉痕迹。

对器物如此讲究，如此不计工本，固然是徽宗审美精细的体现，却也是他穷奢极侈生活的写照。终于，他将国家引向了毁灭的深渊。靖康二年（1127年），徽宗和他的儿子钦宗及后妃、帝姬一众皇家成员,加上宫女、官员等上万人被金军作为俘虏押往北国,受尽凌辱。在五国城,徽宗虽过着远比南唐后主李煜凄惨的生活,但一样如后主般用诗词书写着内心的痛苦,最终于54岁时郁郁而死。死后他也不得安生,尸体被金兵支在石坑上焚烧,至半焦时投入水中,以取水中油来点灯。

靖康之难使汝瓷作为官窑的烧制戛然而止。据说在靖康之难前,金兵大举入侵而宋军抵抗不力的局面让徽宗心烦意乱。也许他意识到汝瓷近乎病态的精致是一种不祥的暗示,于是下令"弃汝用钧",想让更为热烈奔放的钧瓷使大宋振作起来。但徽宗终究还是舍不下汝瓷之雅致,很快就命在汝州重新烧造,但天青釉汝瓷已不可得。从开始烧造至此,汝窑烧宫廷用瓷的时间大约只有20年,致使汝官窑器传世极少,到南宋时已极为难得,目前存世的官窑汝瓷一般认为有65件。完整的官窑汝瓷极为难得,即使破碎的瓷片,在收藏家那里也被奉为珍品,以致有"纵有家产万贯,不如汝瓷一片"的说法流传。

靖康之难使大宋失去的不只是两位君王,还有半壁河山,其中就包括汝窑所在地汝州。从此,汝瓷的烧造完全中断。尽管随着宋室南迁,一部分汝窑匠人也去了南方,并用相同的工艺在龙泉等地烧制青瓷,但由于釉料的不同,天青色的汝瓷始终难以烧成。明清时期,景德镇成为全国瓷器生产中心,很多工匠又经不住诱惑,想方设法仿制汝瓷,同样未能成功。康乾时期,中国瓷器的烧制达到一个新的高峰,年希尧、唐英等制瓷高手,遵皇帝敕命仿烧宋瓷,其中官、哥、定、钧四大名窑都再现异彩,而汝瓷终未烧制成功,甚至连做到近似都不可能,于是有"造青天釉难,难于上青天"之叹。

中华人民共和国成立之后,中央决定恢复历史名窑的生产,特别是汝窑和龙泉窑。1953年6月,周恩来总理亲自指示:"发掘祖国文化遗产,恢复汝窑生产。"1956年临汝县(今汝州市)汝瓷厂老工人郭遂接受了试验豆绿釉的任务。郭遂不识字,但非常敬业,他经常到汝瓷产区附近采集矿石标本,带回去进行调试,原料名称不会写就用符号表示。1957年,他的釉料研制取得突破,开始进行试烧,此后经过数百次的试验,通过反复摸索,终于试制成功了汝瓷豆绿釉。

1972年,田中角荣访华,向周恩来总理提出希望能收藏汝瓷、喝到杜康酒。汝瓷和杜康酒都原产于河南,于是在恢复生产杜康酒的同时,汝窑的恢复也进一步加快。1973年,孟玉松开始进行汝瓷的研究和恢复,1975年朱文立从部队转业也投入到这项工作中。

大陆这边在努力恢复汝瓷生产,台湾那边也没闲着。同样是在1975年,蔡晓芳夫妇在台北北投创设晓芳窑,以仿古瓷而闻名。蔡晓芳并非仅仿制汝瓷,各大名窑的古瓷他都有仿制。当年日军侵华,北京故宫博物院最珍贵的文物都被装箱南运,其中就包括一批珍贵的汝瓷,比如汝窑水仙盘、温碗等。这批文物后来辗转被运到了台湾,存放在专门成立的台北故宫博物院。蔡晓芳曾非常幸运地被获准近距离观摩这批汝瓷，并为台北故宫博物院仿制了不少经典名瓷。晓芳窑仿汝瓷的成功秘诀并不是恢复了汝瓷烧造的传统工艺，而是用现代科技手段创制的独特釉色秘方和烧制工艺。简单来说，晓芳窑仿汝瓷的釉色虽然看起来和宋官窑汝瓷很相像，但并不是用宋代传统的低温烧制工艺烧造的，而是使用颜色釉对釉料进行氧化反应烧制成器的。因为采用的是现代技术手段模仿汝瓷的外观，晓芳窑的瓷器看起来很漂亮，且成品率还高，但这不是真正意义上的"恢复"。

大陆的郭遂、朱文立、孟玉松等人并不会玩这样的机巧，一直在用笨办法摸索完全恢复的方法。为落实周总理指示，恢复汝瓷烧制，孟玉松被调到汝瓷厂，此前她是一名钢铁化验员。我不知道当时的领导是出于科学判断还是无意为之，总之孟玉松的钢铁化验员身份为汝瓷天青釉的恢复起到了极为重要的作用。以前，制瓷师傅配料完全凭经验，孟玉松的化学知识使其可以通过化验确定各种成分的配比，最终找到更好的配方。同时，化验手段的介入，也可对旧瓷片和旧窑址用土、釉料的成分进行分析，为恢复汝窑传统烧制工艺奠定了良好的基础。经过数百次不断摸索，1983年，天蓝釉被成功烧制出来，但汝瓷代表性的天青釉仍然烧不出来。所幸的是，朱文立、孟玉松他们有着和蔡晓芳同样的幸运，他们得以在北京故宫博物院陶瓷专家耿宝昌的帮助下，捧着馆藏汝瓷进行长时间的观察。此后又是成百上千次的试烧，他们终于在1987年4月烧出了天青色的汝瓷。于是，他们做了莲花注碗、圈足洗、细颈瓶、弦纹尊四件瓷器,去见耿宝昌,耿宝昌看后非常激动,说成功了。但仅有外表的成功并不能说明问题,其成分等内部指标是否也和传统汝瓷一致呢?他们来到轻工业部陶瓷工业科学研究院找到专家李国桢,委托北京钢铁学院(今北京科技大学)做检测,古瓷片和试验品一起在机器上进行色度分析,两个瓷片所画出的两条色度曲线几乎重合。对泥料、釉料进行成分鉴定、抗拉分析,主要成分分析 10 个,微量元素分析 28 个,试验瓷片各项理化测试都接近宋代汝瓷。至此,失传已达 800 多年的宋汝瓷恢复烧制才算真正取得了成功。

我一直对天青釉烧制之如此困难感到不解,我想古人同样如此。通过孟玉松这位前钢铁化验员、现陶瓷工艺大师的详细解说,我才搞清了其中的门道。火照是汝瓷烧制时用于观察烧成情况的小物件。火照带孔,可以在烧制的不同阶段通过观察口用钩子钩出来。观察火照会发现,同样的配方,火照在 1220 摄氏度即将停火时取出来呈豆绿色,而在停火后自然冷却至室温取出来则呈天青色。以前很多烧制者在仿制汝瓷时,总是试着用能够想到的各种办法做出天青色都未能成功。问题在于,他们走的路子发生了方向性错误,如果釉料配方正确,天青色是在窑内温度降到 400 摄氏度以后才会出现的。不然的话,即使釉料配方正确,也无法烧出天青色。怎么会这样呢?原来汝瓷的釉色其实是氧化铁还原形成的。汝瓷生产的工序有 72 道之多:拉制瓷胎,要将 10 多种矿石粉碎,用 80 目筛、120 目筛反复过滤,并用磁石把其中的铁吸出,和成泥用以拉坯。如果其中的铁有残留,烧制时就会渗出,在釉面形成斑点。拉制的瓷胎晾干后,经反复打磨,素烧10个小时,素烧温度要控制在800摄氏度,出窑再进行打磨,然后上釉、晾干。刚上釉的胎体既非天青、豆青、天蓝,也非月白,而是呈铁锈红色,因为其中含有铁锈,即三氧化二铁。上釉后要再入窑烧大约13个小时。这个过程非常关键,汝窑烧成的秘诀是要在适当的时候封闭窑炉,使燃料在不充分燃烧的情况下产生一氧化碳。一氧化碳不稳定,会夺走釉料中三氧化二铁中的一个氧原子,生成一定量的二氧化铁。二氧化铁是汝瓷成色的关键,汝瓷的天青、豆绿、天蓝、月白之色,就是由烧制温度和窑炉中生成一氧化碳量的不同而形成的。一氧化碳获得一个氧原子,成为稳定的二氧化碳,釉表面的二氧化碳逸去了,釉内的则被封闭在玛瑙釉料形成的玻璃质中,成为一个个气泡。这些玛瑙质中封存的二氧化碳,就是我在显微镜下看到的"星辰"。

至此,我恍然明白,汝瓷的精致,甚至人们对其开片近乎病态的审美,并不是它的过错,它也并非不祥的暗示,而是神奇的象征。残缺的永远不是器物的外表而是人的内心。如今的汝州,汝瓷已成为一张名片,成为当地一个重要的产业,红红火火地发展起来。红红火火的也不只是汝瓷,我看到这片古老的土地上,"淘宝"已"淘"到农村,电子商务也广泛开展起来,新时代新的神奇正被创造出来。

而更令人称奇的,是一个也在烧制汝瓷的人,叫邢根立。邢根立出生在1947年,"文革"期间风华正茂,于是就做了那个年代的"革命青年"大都做过的事。后来,他参军入伍,在部队干到正营级宣传股长。然后,因为"文革"期间的问题,他被开除党籍,撤销职务,成为一个农民。回到农村的邢根立通过养殖又富裕起来。汝州人自然对汝瓷情有独钟,当得知汝瓷被成功恢复后,他又和朋友一起转向汝瓷的研发生产。在亏掉筹集的资金后,几个朋友无奈退出,他一个人承担全部债务继续干下去。此后还是亏损,最高时亏损超过1 000万元,但他仍然坚持了下来。终于苦尽甘来,其"大井陶艺"的作品被国家领导人送给外国客人。就在邢根立事业如日中天的时候,他因中风瘫痪在床,手不能动,口不能言。那天我们见到他的时候,交流是通过他的一个助手完成的。助手拿一张一面是声母一面是韵母的拼音板,通过他的眼神拼出一个个字,汇成一句句话。这种交流非常艰难,总让我想到同样身残的霍金。霍金以眼神盯视屏幕的方式通过特制的计算机进行写作和演讲,创造了伟大的传奇。邢根立条件没那么好,但同样书写了他的神奇。通过看拼音板的方式,邢根立在助手的帮助下,创作了四部文学作品。当得知我们来自作协,是批准他成为省作协会员的人时,他显得异常兴奋,发出了嘶哑而怪异的笑声,虽不似正常人的笑声那般明亮,但明显能感到他内心的激动。

残缺,要么是衰亡的开始,要么是神奇的见证。在汝州,通过汝瓷的恢复,通过邢根立,我们由残缺见证了神奇。美,需要静观才能发现;神奇,需要衬托才能见证。

风 穴 寺

嵩山少林寺和洛阳白马寺是全国闻名的两大寺院，在中原地区却流传着这样一句歌谣："山清水秀桃源美，更胜少林和白马。"歌谣赞颂的地方，就是风穴寺。很多人可能对风穴寺觉得陌生，其实大家应该都见识过此地宜人的风景，只是张冠李戴罢了。风靡一时的电影《少林寺》中和尚平臂担水在山间奔跑、少女挥鞭在草地牧羊等镜头，其实都是在风穴寺实景拍摄的。

风穴寺位于河南省汝州市东北9 000米的嵩山少室南麓，与号称"天下第一名刹"的少林寺一脉相承。风穴寺始建于北魏，初建时称"香积寺"，隋代叫"千峰寺"，唐朝称"白云寺"，是我国最古老的佛寺之一，因寺东之山有大小风穴洞而得名。

风穴山口，两山夹道，万木葱茏，流水潺潺，由此迤逦北行1 500米许，始见深山古寺。此地群山怀抱，北有紫霄峰，侧有紫云峰、纱帽峰、香炉峰、石榴峰等，九条山脉迤逦相连，朝向寺院，有"九龙朝风穴，连台见古刹"之美誉。寺院周围层峦环拱，状若莲台，风穴寺就建在莲花盆地的正中间。这里山水相连的宜人景色，自古以来就极富吸引力，很多人纷纷慕名前往。一向对嵩山情有独钟的武则天更是特别喜欢此地，为方便不时小住，特地在离风穴寺不远的地方修建了行宫，并特别喜欢用这里的温泉洗浴。兴致来时,她沐浴后与众大臣围池而坐,使斟满美酒的杯子浮于水上,漂至谁的面前就由谁满饮杯中酒并赋诗一首,由上官婉儿评判优劣,很有点儿兰亭曲水流觞的意味。

唐开元十三年(725年),风穴寺的贞禅师圆寂,玄宗得知,谥贞禅师为"七祖",并立即命数名大臣亲往风穴寺督建墓塔。贞禅师本是名儒,曾科举及第,后弃儒皈依,弘扬佛法,在风穴寺圆寂后留下数枚舍利,被公认为一代高僧。七祖塔高24.16米,为九层密檐方形砖塔,至今仍耸立在风穴寺中,完好无损。

唐代以后,风穴寺规模不断扩大,历代均有增修。由于并非一朝一代所建,风穴寺不同的建筑呈现出不同的风格。中佛殿建于金代,距今已有800多年,为单檐歇山式建筑,古朴大方,间架结构科学严谨;大雄宝殿建于明代,殿顶一律用琉璃制品,绿筒瓦,黄滴水,以麒麟腾龙作为装饰,气度非凡,透着皇家气派;而同为明代的涟漪亭却小巧玲珑,很是雅致。风穴寺处于北方,却打破了北方寺院中轴对称的特点,依山势而建,高低错落有致,具有江南园林的风格特点,不同风格的建筑汇聚在一起,不仅不觉得相互冲撞,反而显出了变化,显出了颇具智慧的兼容和创造精神。

风穴寺周围有元、明、清各代寺塔84座,是河南省第二处较大的塔林。历史上,不少文人墨客都曾光顾此地,留下了许多著名碑碣。

说到风穴寺,不能不说藏于寺中重约5吨的"中原第一钟"。大铁钟悬挂在高三层的悬钟阁内,建于北宋宣和七年(1125年),

造型浑厚古朴,铭文清晰。据说,大钟铸好后,师父对徒弟说,他要外出,3天后再撞钟,他走到哪里钟声就能响到哪里。小沙弥出于好奇,师父刚走了1 500米,他就撞了钟,结果钟声只能响到这里。其实风穴寺大钟声音不能传得更远,大约是因为其身处深山,声音被群山遮挡。但大钟的故事似一个隐喻,暗示着风穴寺灵秀内敛、不为人知的特点。它就像一个腹有诗书、胸藏智慧的真正隐者,"历经兴亡皆如此,不随世俗变寒温"。风穴寺以它的内秀,以它的淡定,给我们带来很多启示。《风穴志略》上的一段话说得好,可给我们以人生的启迪:"每苦纷絮,辄思避风穴,足令热者冷,浓者淡,忙者闲,烦恼者欢喜。风穴寺不可不来,不可不再来。"

殷　　墟

安阳是豫北的一座中等城市,全无当代大都市的浮华喧嚣。但走进安阳,你会深深地为她那深沉的历史感和厚重的文化感所折服,感觉到她的底蕴是那样的深厚,让人不敢小视。之所以如此,也许正是因为有殷墟的存在,她默默地显示着自己昔日的辉煌,让什么北京南京东京西京在她面前都觉得自己是"暴发户",对于安阳位居全国八大古都之列不敢有任何微词。

殷墟位于安阳西北郊,横跨洹河南北两岸,古称"北蒙",又称"殷虚""殷邑",甲骨卜辞中又称其为"大邑商""商邑",是中国商代晚期的都城,也是中国历史上第一个有文献可考,并为甲骨文和考古发掘所证实的古代都城遗址,距今已有3300多年的历史。自公元前1300年盘庚迁殷,到公元前1046年帝辛亡国,这里一直是中国商代晚期的政治、经济、军事、文化中心。商灭亡后沦为废墟。

殷墟规模巨大,范围广阔,南北长约6千米,东西宽约5千米,总面积约24平方千米,其核心区域包括宫殿宗庙遗址、王陵遗址、洹北商城遗址。殷墟在世界文化遗产名录中的保护范围为414公顷,缓冲区的总面积为720公顷。殷墟以小屯宫殿宗庙区为中心,沿洹河两岸呈环形放射状分布,是一座开放形制的古代都城。现存有宫殿宗庙区、王陵区、后冈遗址和聚落遗址(族邑)、家族墓地群、甲骨窖穴、铸铜遗址、制玉作坊、制骨作坊等众多遗迹。雄伟壮阔的宫殿宗庙建筑基址,等级森严的王陵大墓,星罗棋布的居住遗址、家族墓地,密布其间的手工作坊和以甲骨文、青铜为代表的丰富的文化遗存,构成了殷墟独特的文化内涵,展现出这座殷商王都的宏大规模和王者气派。整个都市规划有序,宫殿区、王陵区、冶炼基地、手工作坊等,通过纵横的大道互相沟通,几十座制式宏伟的车马坑就是见证。更为重要的是排水道都安排得井井有条,在殷墟博物苑展示的"三通"陶制品令人惊叹!据专家预测,当时殷都的常住人口达到了30万,而素有"永恒之城"的欧洲古城罗马所在的台伯河口,那时候才刚刚开始出现一些原始聚落。

殷墟宫殿宗庙区位于洹河南岸小屯村、花园庄一带,南北长1000米,东西宽650米,总面积达71.5公顷,是殷墟最重要的遗址和组成部分。殷墟宫殿区是世界文明古国中最著名的"古典城邦"之一。50余座建筑遗址分宫殿、宗庙、祭坛(甲、乙、丙)三组,宏伟壮观。宫殿区出土有大量甲骨文、青铜器、玉器、宝石器等珍贵文物,有的是华夏之最,有的是世界之冠,蕴藏着殷代先民们的创造、智慧和卓越的技能。

殷墟宫殿宗庙区分布着众多的甲骨窖穴。自19世纪末甲骨文发现以来,殷墟共出土甲骨15万片,单字约4500个,其中约有1500个单字已被释读。甲骨文的发现,可以说是照亮中华文明的一盏明灯。甲骨文不仅仅是一个文明的符号、文化的标志,也印证了包括《史记》在内的一系列文献的真实性,确证了中国商王朝的存在,重新构建了中国古代早期历史的框架,把有记载的中华文明史向前推进了近5个世纪。在世界四大古文字体系中,唯有以殷墟甲骨文为代表的中国古汉字体系,历经数千年的演变而承续至今。3000多年以来,甲骨文虽然经过了金文、篆书、隶书、楷书等不同书写形式的变化,但是以形、音、义为特征的文字和基本语法保留至今,成为今天世界上五分之一人口仍在使用的方块字,对中国人的思维方式、审美产生了重要的影响,为中国书法艺术的产生与发展奠定了基础,书写出了一部博大精深的中华文明史。

殷墟发现了多处铜器、玉器作坊遗址和数量惊人的青铜器、玉器等,成为古代东方发达青铜文化和高超艺术水平的杰出见证。

在殷墟出土的6000余件青铜器中,后母戊鼎是最大的一件。实际上,2003年曾经在安阳发现过一个铸造青铜器的内范,表明它铸造的是一件圆形青铜器,口径达到1.6米,比后母戊鼎要大得多。这种规模、体型的青铜器要进行铸造必须有一批熔化青铜的炉同时工作,而且需要大量的铸造工人,因为这个浇铸是不能间断的,能把各个工种有机协调起来,可见当时的社会组织已经非常严密。礼器之外,殷墟出土的商代马车,已经使用了大量青铜构件,独辕双套双轮,结构精致复杂,体现出高超的机械、青铜铸造等复合技术。殷商有发达的青铜加工业，但安阳周围并没有高品质铜矿以及冶炼青铜所必需的锡、铅矿石。有学者推测，当时的铜很可能采自江西、安徽等长江流域一带，而锡、铅的矿藏则主要在江西一带。工匠们先在矿石产地进行冶炼粗加工，然后把加工过的粗铜、粗锡、粗铅运到这里，进行配比熔炼。他们加工的青铜器，制作精美，工艺精湛，纹饰神秘，采用独有的片范铸造法和复杂的铸铜工艺，达到了古代东方青铜铸造技术的高峰。

殷墟还出土有大量玉器。在殷墟宫殿宗庙区发现的妇好墓，是目前唯一能与甲骨文联系并断定年代、墓主人及其身份的商代王室成员墓葬。以妇好墓玉器为代表的殷墟玉器，采用圆雕、俏色、双勾阴线为主要技法，表现出栩栩如生的人物、动物形象，堪称世界玉雕艺术宝库中的精华。殷墟出土的玉器，其原料大都为新疆的和田玉、辽宁的岫玉。这表明早在3 000多年前的商代，就已经有通往新疆的"金石之路"了，比始于公元前2世纪的"丝绸之路"早1 200多年！

以宫殿宗庙建筑为代表的殷墟建筑，采用黄土、木料等建筑材料，夯筑高大厚实的台基，房架用木柱支撑，墙用夯土版筑，具有浓郁的中国古代宫殿建筑特色。目前，殷墟已发现宫殿宗庙建筑110余座，这些建筑成组排列，或为宗庙，或为社坛，已具备中国宫殿建筑"前朝后寝、左祖右社"的规划雏形。2001年，殷墟东北方探明了一座面积470多万平方米的洹北商城，其中仅一号基址长度就有170余米，面积达1.6万平方米，不仅是夏商周三代最大的单体建筑,甚至可谓历代宫殿之最!它的建筑面积相当于六七个故宫太和殿的面积总和。洹北商城及其中轴线附近夯土建筑群的发现,填补了以郑州二里岗为代表的早商文化和以殷墟为代表的晚商文化之间的空白,从而完善了商代的编年框架,具有重大意义。

殷墟王陵遗址是殷墟作为世界文化遗产的重要组成部分。殷墟王陵遗址是殷商王朝的陵地与祭祀场所,开了中国帝王陵寝制度的先河,是我国目前已知最早、最完整的王陵墓葬群。殷墟考古发掘70多年来,发现墓葬计8000余座,包括王陵和大量家族墓地群,这些墓葬等级森严,随葬礼器的大小、形制、组合、数量更是代表墓主人的等级和身份。妇好墓的随葬品达1928件,而平民、奴隶的随葬品很少甚至没有。12座王陵大墓,墓室宏大,棺椁极其奢华,杀殉众多,礼器精美,代表了中国古代早期王陵建设的最高水平。

考古发掘证实,殷代的自然科学技术在很多领域达到了世界先进水平。甲骨文已有较准确的日食、月食和星象记录,并对超新星等天文现象有了较早的认识;殷历法采取阴阳合历,将1年分为12个月,并采取增加闰月的方法,解决了与回归年实际太阳日的矛盾,并为中国现行的农历所沿用;在数学方面,殷人采用了十进位制,已有了个、十、百、千、万等数字概念;在医学方面,商代晚期殷人已能认识人类的10多种疾病,除用药物治疗外,还能应用针砭、按摩等治疗方法,达到了较高水平;殷时的手工业空前发达,不但门类齐全,而且工艺水平极高,一些主要的手工业生产部门,如青铜冶铸、制玉、制陶、制骨、制车、纺织等都已达到了相当大的规模,其中这一时期的白陶、原始瓷等在中国陶瓷史上占有重要地位。

来到殷墟,才真正实地体会到了中华文明的悠久灿烂。考古专家称,发掘殷墟就是"发掘着一个典型的奴隶社会",她具有"都市、文字和青铜器三个要素",见证的"是一个灿烂的中国文明"。著名历史学家郭沫若先生更是称赞道"中原文化殷创始","观此胜于读古书"。

变和不变的

我对汤阴一直怀着浓厚的兴趣和深深的敬意。

很多年以前——有20多年了——我在天津上学,每每坐着拥挤不堪的火车经过汤阴,看到竖在汤阴火车站内"岳飞故里"的石碑,就会产生下车朝拜一番的冲动。岳飞是我心中的大英雄,是人品高洁、道德完善的楷模。

后来,毕业后我回到河南工作,到安阳的机会多了,对汤阴的了解也逐渐加深。曾有一段时间,我对《周易》很痴迷,疯狂阅读与此相关的各种书籍,对其发祥地——"文王拘而演周易"的羑里城更是心向往之,期望有一天能专程拜访。为此,我放弃了一次次顺道参观的机会,为的是有一天诚心沐浴斋戒,前往朝圣。

就这样,羑里城一直作为我心中的圣地,保持着她的神秘。直到去年(2005年)4月,鲁迅文学院中青年文学理论评论家班到河南考察,活动的一项内容就是到汤阴参观岳飞庙和羑里城,我作为河南人,理所应当地承担了联络协调的任务,于是就和来自全国各地的同道一起,正式拜谒了岳飞庙和羑里城。

亲自走过了汤阴的土地,内心却依然觉得对她了解不够,总觉得这片土地上依然有些东西在深深地吸引着我。正好,距上次到汤阴一年之后,河南省文学院和汤阴县人民政府一起组织了

"岳飞故里文化笔会",我很高兴地再次来到了汤阴。

这次到汤阴时间充分些,有机会多看看,多想想。于是,就在"文化名人话汤阴"的座谈会上,我忽然想到了一些问题,明白了我长期以来对汤阴满怀兴趣和敬意的原因。

诞生在汤阴这块土地上的文化,一种是以《周易》为代表的文化,这是"变"的哲学;一种是以岳飞为代表的文化,这是"不变"的道德追求。这"变"和"不变"的两种文化结合在一起,构成了中华文化最本质的东西,可以说是中华文化的核心,涵盖了人生哲学和道德规范,或者说世界观和道德伦理这两个方面。

先说"变"的。

"易"文化一向以神秘和博大精深著称,迄今为止,恐怕没一个人敢夸口说自己完全理解、搞清楚了《周易》。其实,"易"文化是中国先民在一个漫长的过程中逐渐发展起来的文化,我们通常认为它的最终定型是由周文王完成的。

据说,周族的首领西伯姬昌逐渐招抚了西部各部落,实力日渐强大,引起了殷商王朝的猜忌,于是纣王就在羑里城——其实是个土台——画地为牢,将姬昌囚禁起来。在被囚禁的7年里,姬昌潜心演易,将伏羲的先天八卦改造成后天八卦,进而推演成六十四卦并系以卦爻辞。姬昌之子姬发后来推翻殷商建立了周王朝,姬昌被谥为"文王",他推演的易经就被后世称为《周易》。

《周易》是以占筮的形式推测自然和社会的变化,人类社会生活的全部内容可以说完全被涵盖其中。西方社会经过几千年的发展，才有了结构主义的出现，试图从自然万象的种种矛盾中找到一种元结构，来给世界一个最终的解释。但早在几千年前，中华民族的先民就给出了"阴阳"这个元结构，并由此推演出八卦、六十四卦，来解释自然万象。"易"以其高度的包容性而显得无所不能，使其充满神秘感。"易"是复杂、深奥的，但正如"易"现在的一个意思就是"容易"一样，它同时又是最原始、最根本、最简单的。我们可以用一个字来解释"易"，这个字就是"变"，这也是"易"最初和最根本的意义。前面提到《周易》是文王在伏羲先天八卦的基础上推演而来的，这是后人神化了姬昌。在《周易》之前，有《连山》和《归藏》，同《周易》的性质、作用一样，可称之为"夏易"和"殷易"。但《归藏》与《周易》的最大不同在于，前者是占"不变爻"的，后者是占"变爻"的。从中可以看出，《周易》最大的特点是更注意研究变化。"易"就是"变"，"易"是讲变化的哲学。所谓"变则通"，就是要我们应自然的变化不断调整自己的对策，就是要懂得变通。"易"的哲学的现代运用就是与时俱进，"易"的阴阳相生相克的辩证思想就是要我们树立科学发展观。所以，"易"在今天仍然对我们如何与世界相处、如何与他人相处、如何建设和谐社会，有着重要的指导意义。确立"变"的哲学，这才是文王的最大贡献。

再说"不变"的。

"易"是一种讲"变通"的哲学。但对这种处世哲学的滥用就是随波逐流，见异思迁，丧失原则。于是，还是在汤阴这块土地上,诞生了岳飞这个精忠报国的英雄,这个忠孝神武的典范。岳飞生逢乱世,却不似战国纵横家那般投机善变,他一生以恢复中原为己任,历任荆湖东路安抚使、河南河北诸路招讨使、枢密副使等职。南宋绍兴十年(1140年),岳飞挥师北伐,在郾城(今属河南漯河)大败金兵,并取得了著名的朱仙镇大捷。正当岳飞即将乘胜前进,收复东京(今开封)等北方失地时,主张求和的皇帝和秦桧等却在一日内连下十二道金牌,令其收兵,岳飞扼腕长叹"十年之功,毁于一旦"。他后被赵构、秦桧等以"莫须有"的罪名杀害,年仅39岁。几十年后,孝宗淳熙六年(1179年)岳飞的冤案终被平反昭雪,岳飞被赐谥"武穆";宁宗嘉定四年(1211年),被追封鄂王,改谥"忠武"。岳飞一生的追求,正如其背上所刺的"精忠报国"四个字。为此,他严以律己并从严治军,要求岳家军"饿死不抢粮,冻死不拆屋",令行禁止,终使敌人也不得不发出"撼山易,撼岳家军难"的感叹。他身居高官,而生活俭朴,始终以平天下为己任,并讲出了令高宗感到震惊的至理名言:"文官不爱财,武官不惜死,何患天下不太平?"

这就是岳飞,他的思想实质,我觉得代表了一种"不变"的东西,那就是道德上坚定的操守和精神上不变的追求。正是有了这种"不变"的东西,岳飞才成为一个千百年来令人景仰的英雄,成为人格完善的典范。一个民族有了这种"不变"的东西,才有了一种坚定不移、不屈不挠、奋发向上的精神,才有了一种自立、自尊、自强的品格,才有了一种牺牲自己、成全集体的操守。这种"不变"的东西，使一个民族有了自己的精神高度。

"易"是讲辩证的哲学，有"变"的哲学，就要有"不变"的道德，两者相辅相成，才能使我们这个社会生生不息，健康发展。而这"变"的和"不变"的，都在汤阴这块土地上诞生，因此，我们怎能不对她满怀浓厚的兴趣和深深的敬意？

武穆故里精忠庙

对大多数中国人来说，民族英雄岳飞是能力出众且人品高洁、道德完善的楷模，故历史上很多地方都有人建庙奉祀，而其中最可观者，当数岳飞的家乡河南汤阴的岳飞庙。

汤阴岳飞庙原为"精忠庙"，又称"宋岳忠武王庙"，位于河南省汤阴县城内西南隅，始建于明景泰元年（1450年）春，经成化、弘治、正德年间扩建，形成六进院落、90多间建筑、4 200多平方米的规模。之后汤阴岳飞庙又在明万历十四年（1586年）、天启二年（1622年）、清雍正九年（1731年）、乾隆二年（1737年）、道光五年（1825年）经多次修复。1958年6月，当地政府在岳飞庙建立了岳飞纪念馆。

岳飞庙前原有一过街牌楼，后改作出入岳飞庙的大门，叫"精忠坊"，又称"棂星门"，是岳飞庙建筑群中最宏伟、艺术特点显著的单体建筑，建于明弘治十四年（1501年），孝宗朱祐樘赐额"宋岳忠武王庙"。牌楼两侧护壁嵌有青石所刻"忠""孝"二字。作者四川推官张应登自云：明万历二十六年（1588年），公干过汤阴，谒庙后住县署安歇，忽然一阵风来，岳武穆及施全突至，言岳飞一生于"忠""孝"无憾，并写下二字，飘然逝去。张即唤书童秉烛铺纸，摹出所见二字，次日命工匠勾勒于此。

进入棂星门，山门前一字排开秦桧、王氏、万俟卨、张俊、王俊五个铸铁跪像，他们身后是施全祠。施全祠为面阔三间的卷棚式建筑，内铸施全铜像，并塑隗顺像于侧，协同震慑群贼。明间后壁上是明成化二年（1466年）云南道监察御史孙珂所书"尽忠报国"四字，分嵌于四块五尺见方巨石上。檐柱上是清人刁承祖撰题的楹联："蓬头垢面跪当前，想想当年宰相；端冕垂旒临座上，看看今日将军。"

山门坐北向南，是一座三开间硬山式古典建筑，屋顶上覆以琉璃瓦剪边。木构屋架上均以彩画饰就，大额枋间分别画有岳飞的传说故事，用笔细腻，栩栩如生。明间的檐柱上，嵌挂魏巍、舒同、楚图南、肖劳等题写的楹联匾额。山门装饰古香古色，门前有青石台阶，两旁分立石雕雄狮，高大魁伟，体态逼真，给人以庄严肃穆之感。

进入山门，可见御碑一通，是清乾隆十五年（1750年）秋，弘历南巡返京途中，停辇祭庙时所作的一首七律。此碑原在神道正中，清亡后被移至今山门东侧一角。

肃瞻亭位于山门和仪门之间的东侧。按传统习俗，一般官员和拜谒者来到仪门前，应右转弯进入肃瞻亭，整肃容貌。此亭是清雍正十一年（1733年）汤阴知县杨世达主持修建的。杨乃广东潮州人，故此亭既具有北方古代建筑的粗犷庄重之姿，又具有南方古代建筑玲珑秀丽的风韵。肃瞻亭对面是觐光亭，乃供游人谒庙之余休息、品茗、题咏的地方，亦为杨世达所建，晚于肃瞻亭，是一座北方式建筑,四角攒尖,正方形基座用白石筑砌,显得敦实古朴,庄重大方。

仪门由三个横开门构成,均以砖石砌筑。仪门是明、清时期官署的第二道大门,岳飞庙建于明中叶,故沿此习俗,将这里作为岳飞官署对待。仪门前旧时为文官下桥、武官下马之地,拜谒之人除帝王外,均不走仪门,沿仪门左右掖门而入。

沿神道北上,神道正中有一座造型别致、富丽堂皇的古亭,此即乾隆御碑亭。御碑亭建在一个正方形石砌基台上,由十六根大木柱托起一个元宝式屋顶,匠心独运,蔚为壮观,在中原亭榭建筑中罕见。亭中乾隆诗碑已被移至今山门东侧一角。

正殿是岳飞庙的主体建筑,为单檐硬山式建筑,面阔五间18.3米,进深三间11.6米,高10米。正殿前椽下一溜儿排列着五块匾额,分别是"乃武乃文""故乡俎豆""忠灵未泯""百战神威""乾坤正气"。明间檐柱上嵌挂着白底黑字的楷书楹联,上书"人生自古谁无死,第一功名不爱钱"。"百战神威"与"忠灵未泯"两匾,分别是1870年清光绪皇帝和慈禧太后所题。正殿内,高大魁伟的岳飞塑像端坐明间正中,头戴兜鍪,满面红润,目光远眺,炯炯有神,紫袍金甲,体态凛然,右手扶膝,左手握剑,像高3.3米。坐像上方嵌挂一方贴金巨匾,阳镌"还我河山"四个大字,两侧望柱上有张爱萍将军书写的楹联,正殿壁间张挂着当代名人歌颂岳飞的诗词书画。

东庑位于正殿前左侧,现为贤臣殿,内奉周同、宗泽、韩世忠、梁夫人、何铸的塑像。西庑位于正殿右侧,为张宪殿、名将殿,分别奉祀杨再兴、牛皋等岳飞部将塑像。

沿着中轴线走过正殿,是一处传统式四合院,正房为二殿,也叫寝殿,两侧分别是岳云殿、四子殿、岳珂殿。寝殿内曾奉岳飞及夫人李氏塑像,均便服装束,面目和蔼,栩栩如生。现今寝殿塑像是依据传说故事"岳母刺字"创作的一组融现代与传统技法于一炉的彩塑。张宪祠位于二殿右侧,奉祀张宪塑像。

孝娥祠又名"银瓶殿"。据传,银瓶为岳飞之小女。岳飞、岳云被害时,银瓶11岁,怒其父兄之冤,上书辩,为奸党所阻,遂抱银瓶投井而死,世称"银瓶小姐"。后人因感念银瓶小姐之孝,乃立祠奉祀。

三代祠位于二殿东北隅,面阔三间,进深三间,殿内置岳飞曾祖父母、祖父母及父母牌位。殿两侧旧为岳氏宗谱及家珍存放之所,现东庑供奉岳母姚太夫人塑像,西庑辟为接待室。

碑廊位于御碑亭东侧,面积1 890平方米,碑廊总长85米,现存各代碑碣300余通。现存碑刻中,属于明清时代的近200方,其中有著名的岳飞词碑《满江红》等珍品,更多的是历代贤达名士以及外国使节瞻仰岳飞庙时的诗文佳作,还有一些则是各代重修岳飞庙的纪实,作者中有明清两代名人董其昌、海瑞、郑岳、曾用升、陶澍、何绍基、阎兴邦等和越南使节陈庆存、阮思侗等。与古代碑林交相辉映的是新建的现代名人诗文碑廊,它位于正殿东侧的另一院落中,长廊的墙壁上嵌有200多方碑刻,这是1982年9

月 21 日以来,岳飞纪念馆从面向全国各界募征诗词书画活动中所得的 600 多幅作品中遴选摹刻而成。

  作为民族英雄,岳飞是人格完善的典范,他的思想实质代表了道德上坚定的操守和精神上不变的追求。正因如此,千百年来,岳飞一直受到人们的尊崇、热爱。

人工天河红旗渠

举世闻名的红旗渠,是构筑在太行山悬崖峭壁上的一条人工天河,如今已成为20世纪中叶那段艰难岁月不屈不挠的精神象征。周恩来总理曾自豪地对国际友人说:"新中国有两大奇迹,一个是南京长江大桥,一个是林县(今林州市)红旗渠。"

红旗渠是20世纪60年代河南林县(今林州市)人民在太行山上建成的大型"引漳入林"灌溉工程。太行山进入河南省林州市之内绵延百里,叫林虑山。红旗渠就构筑在林虑山的峭壁上。林县(今林州市)人民沿漳河南岸绕悬崖,越峡谷,逢山开洞,遇河架桥,开凿了长达约70千米的总干渠,渠高4.3米,宽8米,引水量18.3立方米/秒。从分水岭向下,分凿3条干渠。第一干渠沿太行山东麓向南与英雄渠汇合,全长39.7千米。第一干渠与英雄渠汇流处称"红英汇流",渠水奔腾,飞瀑喷雪,好似银河倾泻。第二干渠全长47.6千米,东南流入安阳县。第三干渠东北流经4公里长的曙光洞而入东岗乡(1996年撤乡改镇)。红旗渠工程削平山头1 250个,凿通隧洞211个,架设渡槽152条,挖砌土石1 640万立方米,建水库、池塘400多个,建中、小型水电站80多个。它的建成,使全县(市)形成了引、蓄、提相结合的水利网,灌溉面积40万亩,解决了人畜饮水难的问题,并提供了工业用水。

20世纪60年代，正是我国经济最为困难的时期，刚刚经历过天灾人祸的国人，连温饱的基本需求都难以解决。林县（今林州市）人民就是在这样的情况下，以愚公移山的壮志、精卫填海的精神，奋战10年，用青春、鲜血和生命筑就了这项举世震惊的工程，在国内外产生了很大的影响，红旗渠也因而被誉为"人造天河""当代万里长城"。

红旗渠游览区始建于1990年，总面积5平方千米。它将盘绕在太行山悬崖绝壁之上的红旗渠工程与"雄、险、奇、秀"的林虑山巧妙地融合起来，融山水旅游与红色旅游于一体，主要包括分水苑、青年洞、络丝潭等景区。

分水苑景区是一处园林式景区，也是红旗渠总干渠分为3条干渠的地方，位于林虑山北部向东分支的大驼岭、猫儿岭之间凹腰处，这里各景点排列有序，规划严整，翠柏簇拥，渠水奔腾。在分水苑牌坊，迎面看到的是"千军万马战太行"的巨型浮雕。红旗渠分水苑建有占地4 000多平方米的红旗渠纪念馆。该馆由序厅、干涸历史、太行壮歌（上、下篇）、今日红旗渠、亲切关怀和影视厅等展厅组成，陈列了修渠时的文物，布设了210幅珍贵的历史照片，全面系统地反映了那段难忘岁月的英雄壮举。

青年洞是红旗渠总干渠的咽喉工程之一。当时，在林县（今林州市）人民临近生命绝境的情况下，300多名青年上山采树叶，下河捞河草，吃糠菜团，喝野菜汤，经过17个月艰苦卓绝的奋战，终于凿通了一条高5米、宽6.2米、长616米的输水洞。后来为了纪念青年们的丰功伟绩,此洞被正式命名为"青年洞"。1973年,郭沫若亲笔题写了洞名。江泽民、李先念等党和国家领导人参观后也纷纷题词。这些赞颂林县(今林州市)人民奋斗精神的摩崖石刻,为风景如画的林虑山增添了亮色。景区内还有堪称"太行一绝"的一线天、横跨两山之间的步云桥、绝壁栈道等,令人叹为观止。游客想体味天河荡舟的独特感觉,还可乘游艇穿行青年洞,别有一番风味。

红旗渠不仅为林州人民留下了宝贵的物质财富,也为全国人民留下了宝贵的精神财富。江泽民视察后语重心长地说,林县(今林州市)人民了不起,红旗渠是自力更生、艰苦创业的典范,不仅给后人留下了可以浇灌几十万亩田园的水利工程,更重要的是留下了宝贵的红旗渠精神。这不仅是林州的、河南的精神财富,也是我们国家和民族的精神财富。他亲笔题词:发扬自力更生艰苦创业的红旗渠精神。1995年4月14日,中共中央政治局常委、书记处书记胡锦涛参观红旗渠青年洞,他说:"当年林州人民在那样困难的情况下,能把红旗渠修起来,真不容易。红旗渠精神在改革开放的年代,仍需大力弘扬,希望你们利用青年洞、神工铺等景点,办成青少年教育基地,继续发扬红旗渠精神,再创林州辉煌,谱写好林州发展四部曲。"

大伾山

  大伾山位于河南鹤壁浚县县城东南隅,系太行山余脉,东西宽不到1 000米,南北长不到2 000米,海拔高度仅135米,平地高起70米。但就是这样一座小山包,名气却丝毫不输那些名山大川,正所谓"山不在高,有仙则名"。《尚书·禹贡》假托大禹治水经过,把中国东部按自然条件中的河流、山脉和大海等自然分界,划分为九州,是一部极有价值的自然地理考察著作。其中有这样一段话:"导河积石,至于龙门,南至于华阴,东至于砥柱,又东至于孟津;东过洛汭,至于大伾……"这个大伾,就是我们所说的这座小山包,正因有了《尚书·禹贡》中的记载,它成为我国有文字记载的最早的名山之一,向有"禹贡名山"之称。

  大伾山虽非崇山峻岭,但平地突兀,孤峰矗立,山石嶙峋,崖壁陡峻,四季景色,因时而异。不过,大伾山之所以有名,更在于此地寺庙亭阁星罗棋布,文物古迹众多,历史上曾有十几位帝王将相亲临,山石间充盈着王者之气,更有无数历史名人或登临高歌,或赋诗摩崖,王维、范成大、王阳明等都曾留下诗句名言,赋予了大伾山恒久的魅力。

  大伾山是佛、儒、道三教汇聚的历史文化名山,现存古建筑群9处,王阳明、王铎等历代名人摩崖题刻460余处,古柏426株,新建景点4处。景区景点有百猴路、山门、恩荣坊、天齐庙、太平兴国寺、天宁寺、摩崖大石佛、大伾山摩崖石刻群、丰泽庙与龙洞、观音岩、吕祖祠、万仙阁、禹王庙、玉皇庙、青坛路等。此外，著名的浮丘山也是大伾山景区的一部分，其景点包括碧霞宫、千佛寺与千佛洞等。

天宁寺，古称大伾山寺，创建于北魏时期，系大伾山景区核心景点，坐落于大伾山东麓，背山面水，东瞰黄河故道，西倚大伾悬崖。天宁寺最可观者为后院大佛楼中的摩崖大石佛，古称大佛岩，俗称"镇河将军"，是一座依山崖雕凿的善跏趺坐式弥勒大像，高22.29米，系大伾山景区王牌景点。明嘉靖《浚县志》称十六国后赵时期，石勒听从高僧佛图澄的建议而兴建大佛，距今已有1600余年，是"全国最早，北方最大"的摩崖造像。元末红巾军火烧大佛楼，石佛损毁较重，明代泥皮彩绘，以后又多次加固维护。大石佛头部螺发，面方颊圆，略呈梯形；额间有"白毫相"，目平视，唇紧闭，表情庄严，双肩齐挺，脖颈有三道肉纹；左手扶膝，右手曲肘前举，手心向外，示"无畏印"；坐于四周方墩，足踏仰莲；整体造型轮廓呈三角形，造型古朴，线条遒劲，风格雄健，反映了早期造像艺术的特点，是我国造像史中留下的典型范例，具有很高的历史、艺术和宗教价值。大佛楼依山崖而建，遮护石佛。因大石佛两脚居大佛楼底座以下丈余，故有"八丈佛爷七丈楼"之奇观。大石佛周围的石刻题记有较高的历史价值，其中明代哲学家王阳明《登大伾山》诗作原迹最为珍贵。

摩崖题刻系大伾山风景区重要人文景观。目前仍完好无缺的石刻有460余处，历史艺术价值较高的摩崖题刻65处。年代最早者为唐代的，最晚是民国的，有字径1.3米的"大伾伟观"，也有妙相端庄的线刻观音画像。这些石刻除展露出珍贵的历史文化内涵外，还在书法上融会了真草隶篆、颜柳欧赵各种流派风格，甚至还有满文、八思巴文、古梵文和回鹘文，充分体现了中华书法文化的源远流长和博大精深，为研究浚县及豫北地区的宗教发展、民俗风情、历史沿革、文字演化和书法艺术提供了不可多得的真实可靠的资料。

太平兴国寺始建于北宋太平兴国年间，坐西向东。寺内主要建筑有释迦牟尼大殿、朝阳洞及观音洞。主体建筑释迦牟尼大殿系明天启七年（1627年）重修。大殿北有观音洞，凿于1914年，洞内供观音，前有拜殿3间，是大伾山上最大的凿洞，洞内原塑3尊菩萨及十八罗汉像。据说天将雨时洞内四壁渗水，宛如天然"晴雨计"。洞两侧山崖上有唐、元摩崖题记及摩崖造像，唐代《大伾山铭》位于寺后山崖上。

禹王庙位于大伾山顶，内置大理石禹王塑像，外罩木质神橱，神像石壁彩绘"禹王锁蛟图"。明万历年间（1573—1620年），为纪念大禹治水之功，于山之东南麓建禹王庙。后屡遭毁坏，几至坍塌，清康熙十八年（1679年），知县刘德新迁庙于今址。

浮丘山，宋时称"小横山"，金、元碑文中始见"浮丘"之名。山势若浮舟，故名"浮丘"。居山之巅的道教圣地碧霞宫，始建于明代,80余间殿宇富丽堂皇,构造精美,掩隐于苍松翠柏之中,清净幽雅,如同仙境。位于"小金顶"上的唐代千佛寺石窟,人物造型严谨,衣纹流畅,体态丰腴,形象生动,与龙门唐代造像同属一类,是初唐雕刻艺术的杰作。因石窟雕有佛像990余个,故被称为"千佛洞"。洞内佛像最大的高2米,最小的仅有0.04米,雕工精细,形象逼真,具有很高的艺术价值。壁间有唐、宋题记。其造像均为四壁三铺式,一佛居中,两侧侍立二弟子、二菩萨。主佛均结跏趺坐,基座为束腰莲座,背光呈火焰形;弟子身披袈裟,跣足立于莲花座上;菩萨丰胸细腰赤足,婀娜娉婷。龛内雕像姿态各异,有的盘膝端坐,有的闭目修炼,有的双手合十,虔诚供养,有的足踏莲花,超世脱尘。

虽云大伾,但大伾山既不高也不大。而因为有了如此丰厚的文化内涵,大伾山居于名山之列可谓实至名归。

苏 门 百 泉

戊子初秋，七月将望，余因公至辉县，宿百泉数日，会议之暇，散步于苏门百泉，慕名士于山巅，思先贤于湖畔，乃记。

转几句文，是对"唐宋八大家"的超级模仿秀，为的是表达一下对中国传统文学尊重的态度和传承的心愿。下面还是说我们习惯的现代汉语，但事大抵都是古代的。

我是2008年8月11日到的辉县市，8月15日上午离开，正是奥运赛事如火如荼的时候。2008年公历8月，与农历正好相差1个月。这段时间，也就是农历七月十五前这几天，正是争秋夺伏的大热天。在现代气象学上，连续5天平均气温低于二十二摄氏度以后，第6天才算是进入秋天。以这个标准衡量，农历七月还算是盛夏天气，但古人以七、八、九3个月为秋天，七月就是初秋的天气。从古人的说法看，气候变暖的确是个不争的事实。我到百泉是参加一个无聊的培训，住在百泉国际大酒店，也就是以前的百泉宾馆。这里背依苏门山，面临百泉湖，因而能很方便地在餐前饭后到景区的各处走走，于是我对这处名胜有了亲身的体验。

百泉在苏门山南麓，山脚下多泉眼，故名"百泉"。百泉开凿的历史至少已经有3 000年。此地离殷都（今安阳附近）不远，《荀子·儒效篇》有这样的记载:"武王伐纣,暮宿于百泉。"可见当时就有"百泉"这个名字。《诗经》云:"毖彼泉水,亦流于淇。"朱熹认为该句中中的"泉水"概指百泉,其《诗集传》云:"泉水,即今卫州共城之百泉也。"朱熹如此看重百泉,大约与他敬仰的理学先哲邵雍出于此地有关,这是后话。百泉之水在苏门山南汇聚成湖,曰"百泉湖",湖水南向而流入卫河,古人因而认为百泉是卫水的源头,遂自隋代起,在苏门山下建起了卫源庙,此后该庙历代均有翻修或重建,目前是百泉现存最完整的古建筑群。从百泉湖流出的清流,叫作"梅溪",现在这里仍有一个村落叫"梅溪",据传是元朝大才子、开国名相耶律楚材老年寓居的地方,他的《梅溪九首》流传至今。现在百泉湖畔保存有历代各类建筑90余座,其中涌金亭最为有名,亭中嵌有碑刻50余块。北宋元祐年间苏东坡曾游览于此,并题写了"苏门山涌金亭"6个大字。湖东北的碑廊搜集了散失的北魏、唐、宋、元、明、清碑刻壁画142块,有宋崔白的布袋僧像,苏轼在题记中称"妙乃过吴";宋岳飞的4幅石屏;元赵子昂的"玉虚观碑""盘谷序碑";明唐寅的扇面碑;清乾隆的亲笔御碑;清郑板桥、王所宾的壁画等,都是历史珍品。清乾隆十五年(1750年)绕岸砌石,成一长方形泉湖,湖畔亭台楼阁星罗棋布,曲桥相接,集南北园林风格于一体。2001年,百泉被国务院批准为第五批全国重点文物保护单位。

苏门山是太行山支脉,山并不高,海拔仅约180米。正所谓"山不在高,有仙则名",苏门山顶有啸台,是魏晋时孙登隐居长啸处。孙登,字公和,号苏门先生,看来苏门山的名字当时就有了。

孙登常年住在土窑里,夏天的时候用草编成衣裳穿,冬天的时候则把他长长的头发披散到肚子上——大约多少可以遮挡些风寒吧。孙登喜欢一个人研读《易经》,闲下来的时候也喜欢弹弹琴,不过他弹的琴是玄铁琴,据说只有一根弦。这就是名士高人的做派,用通常有好几根弦的琴弹奏曲子不算什么本事,只用一根弦也能弹出动听的曲子来,这才是本事。郦道元在《水经注》里说他"弹一弦琴而五声和",可见孙登在这方面确是高手。所谓"丝不如竹,竹不如肉",孙登更绝的一招是连一根弦也不用,照样玩音乐,这就是他至今仍为人津津乐道的"啸"。他的啸叫,据说能招集群鸟。孙登喜欢一个人在山林啸叫,但烦别人打扰,有人跟他说话,他也不搭理。儒家是讲究"独乐乐"不如"与众乐乐"的,但孙登走的是回归自然的道家的路子,喜欢一个人自得其乐。当地人见他这个样子,就想逗逗他,看他发怒了是个什么样子,于是把他抬起来扔到了湖中,可能就是山脚下的百泉湖吧。大约孙登知道自己如果生了气就遂了他们的愿,所以他不生气,从水里爬出来,大笑而去。结果傻眼无趣的还是那帮村民。

懒得理你!这大概就是孙登对不能理解自己的芸芸众生的态度。阮籍、嵇康是当时大名鼎鼎的音乐家,"竹林七贤"中的大名士,孙登初见他们时,同样懒得搭理。据说嵇康曾经跟随孙登3年,为的是学习乱世中的生存之道。但对于嵇康的问题,孙登总是笑而不答。嵇康看问不出结果来,只好拜别,临走时还问孙登:"难道先生真的对我一句话也没有吗?"这时孙登终于开口了,只说了几句:"子识火乎?生而有光,而不用其光,果在于用光;人生有才,而不用其才,果在于用才。故用光在乎得薪,所以保其曜;用才在乎识物,所以全其年。今子才多识寡,难乎免于今之世矣!"在孙登看来,嵇康"才高识寡",因而"难乎免于今之世"。后来,嵇康的命运果然被孙登言中,他因触怒司马昭而招致杀身之祸。在狱中,他似乎明白了孙登之言,所以写出了"昔惭柳下,今愧孙登"的诗句。但也许嵇康并没有白跟孙登一场,虽然没学到乱世生存之道,但在音乐,特别是抚琴造诣方面肯定是更上一层楼了,并于临终时弹出了《广陵散》这首千古绝唱。

阮籍对于孙登早早断言嵇康难以在当世生存大感惊讶,就慕名前去拜访。《晋书》《世说新语》中都有这样的记载:阮籍到苏门山去见孙登,但不管他说些太古无为之道、五帝三皇之义,还是说些"栖神导气"的心得,孙登都不予理睬,连眼皮都不翻一下。阮籍只好发出一声嘹亮的长啸离去了,但走到半山腰,却听到有"鸾凤之音"在山谷中回荡,这是孙登的长啸。看来阮籍此行并非无功而返,他回去后揣摩孙登的啸叫之法,写出了一部音乐著作,叫《苏门啸旨》。后来,阮籍还以孙登为原型创作了一篇很有名的玄幻文学作品,叫《大人先生传》。

在历史的种种记载中,均未见孙登有什么大的作为,但他的名士风范对后世的影响历久不衰。北宋时期,有一位叫邵古的知识分子,因为仰慕孙登的为人,从衡漳一带(今河北省邯郸市辖境)迁居共城(今辉县市)苏门。邵古祖居范阳,就是现在北京一带,不过宋时那里是边远之地。共城苏门山既有悠久的文化传统,又接近政治文化中心,邵家先人离开范阳南迁衡漳至邵古再迁共城其实再正常不过。单老邵来也就罢了,重要的是同他一起来的还有他的儿子小邵,也就是后来大名鼎鼎的邵雍,这位邵夫子对此后中国政治、文化、社会的影响可就太大了。邵雍在随父亲居住在百泉湖畔的这段时间里,潜心向学,特别是于此间遇上了自己的授业恩师、时任共城令的易学家李之才。正是因为跟随李之才潜研易理,他才能够将道家的天道观、认识论引入儒学。同时,伊洛间几个大儒又将佛家思想一并引入儒家,终于完成了中国儒学的一次伟大革命,对中国社会的发展产生了深远的影响。

"子不语怪力乱神",原始的儒学大约更多的是向人们提供有关人生、社会的行为规范、处世准则,对于那些玄之又玄、难以说清楚的现象、学问是避而不谈的,总体上说还不能构成一套完备的理论体系。邵雍从《易经》入手,发展出一套"象数学"体系,这是一种推演宇宙万物发展过程的"物理"之学。同时,他以天道推论人道、以先天推论后天、以物理推论性命,发展出一套"性命学",并成为"心学"的核心。这样,他就通过一套完备的概念,依"性—心—身—物"为推演逻辑,建立起了一套宇宙构造图式和学说体系。邵雍创立的"先天之学",有一个副产品——一套算命的学问,他因而至今还被民间"梅花易"等算命的流派奉为鼻祖。实际上,邵氏之学同样包括"后天"的"性命之学"与"修养功夫",其重点在于构建人类的道德伦理和价值理想。这样,邵雍就以易学为核心,融合儒家的伦理观、历史观与道家的宇宙观、生命观等,建立了"道学"。邵雍的学说,实际上是企图用一个完整的图式来说明宇宙演化和社会、人生的全部运动程式。此后,经与其并称为北宋"道学五子"的周敦颐、张载、程颢、程颐等及其弟子、再传弟子的发展,特别是南宋时朱熹的发扬光大,"道学"即"理学"蔚然而成儒学正统。在朱熹眼里,邵雍的地位甚至可以同孔子相提并论。在《周易本义》"伏羲六十四卦方位"图旁,朱熹题记:"伏羲四图,其说皆出邵氏,盖邵氏得之李之才挺之,挺之得之穆修伯长,伯长得之华山希夷先生陈抟图南者,所谓'先天之学'也。"可见朱熹是认可邵雍于理学的奠基地位的。邵雍39岁时迁居洛阳,在这里,他结识了因王安石变法而被排斥到西京的旧党大臣富弼、司马光、吕公著等,这些人素闻邵雍贤名,对他十分尊敬,出资为他建屋30余间,邵雍题名为"安乐窝"。现在的安乐镇安乐窝村就是由此而得名的。今百泉的"安乐窝",大概是后人仿邵雍洛阳居所而命名的。

宋时百泉大概也叫"百源",大约在古人看来,"泉"就是"水之源"吧,邵雍也被后人称为"百源先生"。在邵雍的旧居,20世纪初,袁世凯因来小住而对房屋进行了大规模整修,并因而于老屋夹壁中发现了不少竹简木牍,其中还有一尾古琴,据说是邵雍的自用琴。这张古琴据说就是传世的古琴"大圣遗音"。

后人谈起宋明理学,每谓"宋兴伊洛,元大苏门"。这是因为宋时理学的兴起主要是由北宋"道学五子"在洛阳一带发扬开来的。但从邵雍这里说,苏门也可以说是宋明理学兴起的一个重要源头。"元大苏门",意为此后理学是元代在苏门发扬光大的。关于这一点,得从太极书院即后世之百泉书院说起。

太极书院,或谓五代末年已有雏形,到北宋中叶因邵雍在此讲学而名声大振。此说是否准确已不可考,但书院之得名,大约与邵雍脱不了干系,盖因书院主要讲授的是"道学",故以易学混元一体而生万物亦即宇宙生生不息的本源"太极"来命名,实在是最为恰当不过了。太极书院建立的时间,大约在1241年,但有人认为这是金时书院被毁后元代在原址上重建的时间。这一点暂且不论,重要的是,这次重建,使苏门成为理学重镇,对元朝及以后的政治、文化产生了巨大影响。

说到元朝,大家可能觉得其统治者不过是些"只识弯弓射大雕"的粗鲁武夫。也许他们自己真的没多少文化,但对文化、对知识分子还是很重视也很尊重的。1235年,窝阔台统兵攻打南宋,下诏让一个叫姚枢的知识分子随军出征,为的是访求儒、道、释、医、卜等各类人才。蒙古军攻陷德安(今属江西省九江市)后,姚枢从俘虏中发现一个人相貌不凡,神态淡定,就把他带到了自己帐中。大约在这个温文尔雅的俘虏的心目中,蒙古人都是些毫无文化、嗜血成性的恶魔,但通过几句简单的交谈,这个俘虏发现面前一身蒙古人装束的家伙竟然颇精儒学,还通琴书之道,颇有些好奇，就问姚枢何以懂得这些。姚枢也不回答，只是笑眯眯地留他在自己的大帐中同住。姚枢半夜醒来，却发现俘虏不见了。姚枢已经知道，这个俘虏正是南宋名儒赵复，是自己一心想寻访的人，赶忙出来寻找。还好，他在江边找到了准备自杀的赵复，劝其放弃自杀的念头。但赵复因全家被杀，觉得世上已没有东西值得留恋，因而也没了继续留在人世的理由。可姚枢知道这个大儒的软肋在哪里，就问赵复："你真的愿意让你满腹的程朱理学，因你的死而失传吗？"这下击中了赵复的要害，正是因为这种传承人文薪火的使命感，让赵复决定继续活下来，做个自由知识分子，传播程朱理学。后来，姚枢、窦默、赵复在百泉湖畔建成太极书院，元朝百年儒风由此而开。

有元一代，太极书院在全国的影响无出其右者。这不单因为它聚集了姚枢、许衡、窦默、赵复等一大批知名学者及其弟子，使程朱理学在中国北方得到了广泛传播，更重要的是，它使理学从民间的书斋走上了朝堂，成为治国安邦的重要理论基础。太极书院建立之后，聚集在这里的很多大儒纷纷进京担任高官，许衡更是带着太极书院培养的高才生耶律有尚、姚燧等到大都开办了京师太学，使太极书院事实上成为太学的前身。元朝开国之初，在朝堂地位举足轻重的汉臣基本都是太极书院的大儒及其弟子：许衡、刘赓、耶律有尚、郝经都做过国子祭酒，姚枢、窦默、王磐、王恽、姚燧都做过翰林院长官，张思明做过中书左丞，白栋做过监察御史……只有赵复坚持不仕。据《元史》记载，忽必烈曾召见赵复，问道："我欲取宋，卿可导之乎？"赵复不假思索地回答道："宋，吾父母国也，未有引人以伐父母者。"赵复的回答也太不给元世祖面子了，简直是"大逆不道"。但对于赵复的回答，《元史》的记载是"世祖悦，因不强之仕"。看来这些从大草原一路征战而来的剽悍铁血之士，确实有相当博大的胸怀，不强人所难已经非常难得了，更何况他还能面露悦色。也许正因如此，太极书院的这些大儒，才能使刚刚从原始部落走出来的茹毛饮血的游牧者，逐渐开始认同汉民族的文化，并影响甚至决定了明清的政治文化走向。

明万历十二年（1584年），太极书院改名为"百泉书院"。明末，李自成军队围攻开封，决水淹城，省贡院遂移至百泉书院，此后，这里还一度是全国科举考试的地方。明亡后，与黄宗羲、李颙并称为"三大儒"的孙奇逢先后拒绝了明、大顺、清政权的11次征召，到这里定居，并将自己的住所命名为"闻啸楼"。于是在清顺治、康熙时期，百泉书院又进入一个鼎盛时期。孙奇逢论学"以慎独为宗，以体认天理为要，以日用伦常为实际"，初宗陆（九渊）、王（守仁），晚慕朱熹理学，立说调和两派观点，注重躬行实践，开清"实学"之先声。苏门山，又名夏峰，世人因此尊孙奇逢为"夏峰先生"，他的学说也被称为"夏峰之学"，是清初理学的一个重要学派。孙奇逢在苏门居住了25年，当时的知名学者如顾炎武、汤斌、费密、魏象枢等纷纷慕名而来，百泉成为天下士子靡然向风之地。与元时的太极书院一样，孙夏峰的门人弟子有很多入仕做了高官，如汤斌官至工部尚书，耿介曾为太子师，魏裔介官至吏部尚书,后入内阁,魏象枢官至刑部尚书,等等。同时,他的一些弟子和再传弟子,在全国各地开办或主持了很多书院,如绘川书院、嵩阳书院、南阳书院、朱阳书院、紫云书院、献陵书院等,使"夏峰之学"在中国北方得到了广泛传播,对当时中国北方文化的恢复功不可没。

乾隆年间(1736—1795年),生性风流、雅好游玩的弘历来到了百泉,书院被改建成供他居住的"万寿行宫",百泉书院的讲学就此停止。乾隆皇帝一生赋诗众多,题字无数,一向以风雅自许,但大兴"文字狱",钳制文化的自由发展。也许,乾隆改书院为行宫,并非单单是为了方便自己的游玩,限制苏门千年来形成的自由学风的发展蔓延可能才是他最终的目的。虽然在19世纪,辉县知县周际华曾捐出俸银,在县城内恢复讲学,仍叫百泉书院,但始终未成气候,并于光绪末年在"西风"吹拂下停办了。

百泉据说因湖底泉水喷涌而出,累累如贯珠,故又名珍珠泉。但也许正如七月不再是秋天一样,由于气候变暖或者是人类的过度用水,如今的百泉已很难见到泉水的涌出了。我住在这里的时候,暴雨曾连续下了一天一夜,但过度开采的地下水不会因此而得到有效补充,我还是没能见到渴望已久的泉水涌出,百泉湖内依旧是死水一片,污浊不堪,其间是丛生的杂草。从百泉涌出的不仅仅是自然的泉水,更是中华文化之泉水,它曾经在千百年的历史发展进程中滋润过华夏大地。如今,这里是如此沉寂,而四周尽是商人的喧嚣。当然也有很多人在想方设法让这里再热闹起来，不过他们想的是商业开发，是以变卖祖宗家底的方式获取商业利益。今天，当许许多多的人重新开始重视国学、重视中华传统文化的时候，我们不应该忘了书院这种中华文化继承、发展、创新、传播的重要形式。在这里，各种风格、流派的学术观点如百泉般汩汩而出，保证了中华文化的绵延不息，涓流成河。所以，登临苏门、漫步百泉，让我深感痛惜的不仅是这里泉眼的枯竭，更是文化源泉的枯竭。但我只能祈愿，愿苏门山下能够再次百泉喷涌，浩浩汤汤，澎湃向前！

万里黄河第一观

龙王庙在过去是一种极常见的祭祀河神的建筑,全国各地随处可见。但一般来说,它们都是些不起眼的小庙,规制也大体相同。在所有河神庙中,最为可观者当数嘉应观了。

嘉应观俗名庙宫,又称黄河龙王庙,位于河南武陟县城东南12千米处,是一处宫、庙、衙三位一体的古建筑群,为黄河流域祭祀和研究黄河的第一座庙观,清雍正五年(1727年)封黄河"四渎称宗",为全国河神庙之首。其建筑也是整个黄河流域现存规模最大、保护最完整、建筑艺术与历史文物价值最高的河神庙。建筑风格上仿北京故宫建筑群,规模宏大,有"小故宫"之美誉。

嘉应观始建于清雍正元年(1723年)。据《武陟县志》记载,嘉应观在二铺营村东,雍正初年,以黄河安澜,奉赦建,规模壮丽,有铜牌刻。康熙末年,黄河4次在武陟境内决口。雍正元年(1723年),黄河再次决口,洪水逼京,淹天津,成为清王朝的心腹之患。为治黄安民,雍正皇帝派河道总督率兵堵口、修坝,并亲临河防搬石。为祭祀龙王,封赏治河功臣,在决口堵塞、大坝建成时,雍正皇帝特下诏,赦建嘉应观。为修建嘉应观,河臣齐苏勒奉帝命调御匠并河南、山东、山西、陕西、安徽五省民工,大兴土木,历时四载,始建成这座规模宏大、纯满族风格的官式建筑群。建造嘉应观耗资288万两白银,是我国历代花钱最多、规格最高、建筑最雄伟的龙王庙。观内设置与各地龙王庙、观有别,与皇宫类似,特别是中大殿,就是故宫太和殿的缩影。

嘉应观现占地140亩,中轴线南北依次有山门、御碑亭、前楼、更衣殿、龙王殿、风神殿、雨神殿,东西跨院为河台、道台衙署。嘉应观山门为单檐歇山顶,顶部覆盖蓝色琉璃瓦,檐下为五踩重昂斗拱,用材甚小,玲珑别致。外檐均有彩绘,笔调明朗,色彩鲜艳。门牌上书有"敕建嘉应观"5个大字,为雍正皇帝手书。

嘉应观号称有"三绝":一是钟绝。钟楼上的铜钟钟头上铸着二龙戏珠,钟的底部八个方位铸着八卦图,撞击每个方位发出声音的音阶都不相同,声音清越、悠扬。二是碑绝。御碑亭似清朝皇冠,富丽堂皇。御碑由二十四龙缠绕,有飞龙、盘龙、卧龙、游龙、降龙、升龙等,栩栩如生;底座为独角兽,龙头、牛身、兔尾、鹰爪,全身肌肉丰满,健壮有力。御碑由雍正皇帝亲笔撰文书丹,碑文记载了黄河的地理面貌、流域历史、水患与治理情况,强调黄河与百姓、黄河与朝廷的利害关系,对黄河的治理和建造嘉应观的缘由加以说明。御碑"铁胎铜面",铸艺精致卓绝,这在我国二三百年前的冶金和铸造史上,是个了不起的奇迹,是我国罕见的稀世珍宝,堪称"天下第一铜碑"。三是图绝。嘉应观中大殿为重檐歇山回廊式建筑,殿内藻井彩绘65幅龙凤图,构图古朴典雅,色彩鲜艳明快,意蕴深沉幽远。故宫里也有不少龙凤图,但都是满汉合璧风格,而这里的龙凤图却是清一色的满族风格,甚为罕见。

殿内正中立"钦赐润毓"金牌,经考证"润毓"是雍正皇帝赐予在武陟堵口的都御史牛钮的封号,牛钮是雍正的叔叔,是嘉应观首任住持。此外,禹王阁雕栏楼阁,典雅华贵,颇具南方风格。阁前有一碑为水清碑,也叫灵石碑。轻轻一击,灵石碑声若铜磬,蔚为动听。

嘉应观不单是专门祭祀河神的庙宇,还是纪念表彰历代治河功臣的场所。治河功臣殿分东西两个大殿,供奉着10位治河功臣。东大殿供奉的是西汉的贾让,东汉的王景,元朝的贾鲁,明朝的潘季驯、"白大王"白英。其中贾让最早提出上中下治河三策,沿用至今。王景实践治河三策,黄河800年没有改道。西大殿供奉的是明朝工部尚书宋礼,明朝兵部尚书刘天和,清朝三位治河总督齐苏勒、嵇曾筠和林则徐。林则徐为人所敬,是因为他任两广总督时的禁烟壮举,大长了民族志气。其实,远在道光年间(1821—1850年),他曾任河道总督,主管河南、山东黄河、运河的修防事务。鸦片战争失败后,他被革去两广总督职务发配新疆,途遇黄河决口,又受命堵口。林则徐的作为,体现了他"肝胆披沥通幽明,亿兆命重身家轻"的无私情怀。

嘉应观是河南省保存最完好、规模最宏大的清代建筑群,也是我国历史上唯一记述治黄史的庙观,可谓中华民族治理黄河的博物馆,文化内涵丰富,是黄河文化的代表性景观之一。1999年6月20日,江泽民总书记视察时连连称赞,并指示:"珍贵啊,可要好好保护。"

太极之源

如果要选择一种运动来代表中华民族，则非武术莫属。中华武术源远流长，门派繁多，但总体上可划分为"外家"和"内家"两类。外家拳以少林拳为代表，内家拳以太极拳为代表。而就其影响而言，太极拳远远超过了其他武术，练习人群十分庞大，遍及全球，故太极拳被誉为"世界第一运动"。而且太极拳很好地体现了中国人的宇宙观、世界观、人生观，因而又被叫作"龙的舞蹈"。

风靡全球的太极拳目前流派纷呈，但深入考究，则共出一源，都是由发源于河南温县陈家沟的陈式太极拳衍变而来。

陈家沟位于温县城东5 000米的清风岭中段，原名常杨村（一说常阳村）。据一代太极宗师陈正雷所著《陈氏太极拳术》一书载："陈氏始祖陈卜，原籍山西泽州郡（今晋城），后来由泽州搬居山西洪洞县。明洪武七年（1374年），迁居河南怀庆府（今沁阳）。因始祖陈卜为人忠厚，精通拳械，深为近邻乡民所敬重。故将其居住的地方叫陈卜庄（解放后，陈卜庄并归温县，至今仍叫陈卜庄）。"陈卜庄地势低洼，连年涝灾，于是陈卜带领族人迁居常杨村。后陈氏家族不断繁衍，村子也因其中有一条南北走向的深沟，更名为陈家沟。

陈卜善武艺，精拳械，曾经在村里开设武学社，陈氏世代习拳舞械之风由此开始。陈氏第九世陈王廷（1600—1680年），认真总结家传拳术的利弊，仔细钻研明代抗倭名将戚继光的《拳经》，广泛吸收多种内家拳术的精华，以儒家、道家共尊的太极阴阳学说为理论基础，结合道家《黄庭经》中的吐纳导引之术及中医的经络理论，殚精竭虑，呕心沥血，创编了一种具有阴阳开合、虚实转换、刚柔相济、快慢相间等特点的内功新拳种，并因以太极理论为基础，按阴阳转换之意取名"太极拳"。

有关太极拳起源和创始人的说法还有很多，大致有五种：唐许宣平、宋张三峰、元末明初张三丰、明末清初陈王廷和清王宗岳。其中有些说法明显系穿凿附会之说，但以太极拳之精妙，绝非一人一时所创。综合现有资料，太极拳应是数代武术名家互相切磋、互相辅教，再由善于归纳的陈王廷等人最后定型，始成新的拳种。如此来说，称陈家沟为太极拳的发源地并不为过，更重要的是，陈家沟是太极拳实实在在发生、发展、发扬的基地。

陈氏十四世陈长兴，广开传拳之门，所谓杨露禅"偷拳"所"偷"的就是他的拳。在今陈家沟武术馆的后院，还可以看到"偷艺宗师"杨露禅（1799—1872年）的习拳处。杨露禅，本名杨福魁，河北永年人。因自幼家贫，他来到温县陈家沟陈德瑚家为仆。陈长兴先生每晚到德瑚家后院向家族子弟传拳，露禅殷勤伺候并窥习拳艺，领悟颇深。后陈长兴发现其偷艺，令其当场演练，认为他天资颇高，又悯其憨厚、执着，遂本着"有好悟性者，多传之"的原则，破例收了这个异姓徒弟，并尽传其技。露禅随师学艺能举一反三，进步神速，他学成后进京传习拳艺，并逐渐改变了所学陈式太极老架的拳套动作，本着"四两拨千斤"的原则，开创了健身有术的杨式太极拳。此后，吴鉴泉从艺杨露禅，从杨式太极拳中又派生出吴式太极拳。永年人武禹襄先从杨露禅学陈式老架，又从陈清平学新架套路，其后自创武式太极拳。后孙禄堂从武氏学艺，又派生了孙式太极拳。加上从蒋发师傅传承下来的赵堡太极拳，共是六大门派。因太极拳具有搏击、健身、表演、陶冶性情等多种功能，老少皆宜演练，所以很快传遍全国，并风靡世界。

陈家沟人至今仍习武成风，民间有"喝喝陈沟水，也能踢折腿"之说。现陈家沟建有一座颇具规模的陈家沟武术馆，吸引海内外大量武术爱好者前来习拳学艺。武术馆门前的一棵劲松旁边，有陈氏太极拳始祖陈王廷的墓碑。

太极拳是中国武术的精粹，以其独特的魅力为世人所推崇。对太极拳爱好者来说，陈家沟是心中的圣地。从1992年开始，陈家沟多次成功举办了太极拳年会，吸引了世界各地的太极拳爱好者和太极拳组织。现在，每年都有大量海内外太极拳爱好者到陈家沟寻根问祖，朝觐拜师，切磋技艺，表达他们对太极宗师的敬仰和对太极圣地的虔诚，从源头上领悟太极文化的精奥。

虢 国 墓

在今河南最西部,当年在号称"人门""鬼门""神门"的三道峡谷上修建了一座水库,从洛阳分置出一个地级市来,市的名字叫"三门峡"。三门峡市的所在地在以前陕县境内,这里是以前陕州治所之所在。陕州是八百里秦川的东门户,因地势险要,自古就是兵家必争之地。西周初年,周天子分封嫡亲建立诸侯国,虢国是周文王的弟弟虢仲、虢叔的封国,分东虢国、西虢国。虢国军事力量强大,颇受周王室器重,对周王朝的兴起、发展和衰落都有重大影响。虢国原封宝鸡,后迁于陕,国都上阳在今三门峡市东南李家窑一带。虢国一向维护周王室的正统地位,于是与逐渐强盛起来的晋国产生了矛盾。公元前655年,晋国用计借道虞国出兵,灭掉了虢国,回师途中顺道灭了虞国。"假虞灭虢""唇亡齿寒"的典故即由此而来。

1956年,在三门峡市区上村岭上,发现了我国迄今为止唯一一处规模宏大、等级齐全、排列有序、保存完好的西周、春秋时期大型邦国公墓,总面积30余万平方米,已探明各类墓葬遗址800余处,出土各类文物约3万件,被评为"中国20世纪百项考古大发现"之一。这就是西周虢国墓地,如今已以此为依托建立了一座专题性博物馆——虢国博物馆,除陈列出土的精美文物外,还原状展出了几座大墓及陪葬车马坑。虢国博物馆北依黄河,南望崤山,是一座集文物陈列、遗址展示、园林景观为一体的现代化、多功能博物馆。

虢国博物馆占地近10万平方米,展出的主要是20世纪90年代以来发掘的两座国君墓、一座国君夫人墓和一座太子墓等高级贵族墓葬。这里相继出土各类文物近3万件,其数量之多、品种之全、制作之精、保存之好、价值之高都是中华人民共和国成立以来的两周考古少见的。国君虢季、虢季夫人梁姬及太子的陪葬车马坑群气势壮观,按行军队列摆放,构成了我国最早、规模最大的地下车马军阵。虢季墓是目前发现的两周时期级别最高、规模最大、出土文物最丰富的大墓,有考古学家誉其为"惊人的考古发现,灿烂的古代文明"。

在展出的青铜珍品中,兽叔盨、虢硕父簠、凤鸟纹铜盉、太子车斧等均具有较高的历史价值和艺术价值。玉器展出了礼玉、佩玉、殓玉等。龙纹白玉璧、大玉戈是礼玉中的精品。佩玉中的组玉佩,色彩瑰丽,制作精美。仿生动物玉佩中,有神秘莫测的玉龙、玉凤,有凶猛咆哮的玉虎、玉狗,有活泼可爱的玉鸟、玉兔,有水中游动的玉鱼,有温顺小憩的卧牛,等等。由和田玉做成的玉人形佩,玉人为侧面,双腿向上弯曲呈蹲状,面部瘦削似猴脸。神奇的是,其头顶雕琢一盘龙,龙头朝下,附于人头后部,另有两条龙分别雕琢在玉人的颈部及臀部,它们巧妙地寄附于人体之上,极为生动,体现出周人与龙的特殊关系。殓玉中仿成年男子面部器官的缀玉面罩，生动逼真，为周代考古发掘所首见比较完整的一套，是汉代流行的玉衣的雏形，体现出周代丧葬文化的特色。在其他文物中，玉柄铜芯铁剑长约34厘米，由铁、铜、玉三种材料精制而成，是我国迄今为止发现的时代最早的一件人工冶铁实物，将我国人工冶铁的历史向前提了近两个世纪，被誉为"中华第一剑"。

在"车马辚辚"宽敞的大厅里，国君虢季墓、虢国夫人梁姬墓、虢国太子墓陪葬车马坑一字排开。虢季墓陪葬车马坑长47.6米，宽4.16米，随葬13辆车、64匹马和6只狗，是我国截至目前考古发现的级别最高、规模最大、保存较好的大型车马坑遗址。这些车从北向南错列摆放，前一辆车压在后一辆车的车辕上，每一辆车下压两匹马。南半部分的马四肢伸长，昂首朝北侧卧，按行军行列分成两列纵队，呈临战状态。梁姬墓陪葬车马坑有19辆车，由西向东分成三列摆放，每辆车下也压两匹马，为迄今发现的陪葬车子数最多的超大型车马坑。太子墓陪葬车马坑遗址，只做了局部清理，清理出一排比较完整的轮子，不难想象车子的气派和车马坑的规模。这三座车马坑里的车全是木质的实用战车。如此多的车马集中在这样一个极为有限的区域内，不能不说是一个罕见的奇观。它构成了我国迄今所见年代最早、规模最大的地下车马军阵，开创了以军阵形式随葬车马的先河，比闻名中外的秦始皇兵马俑军阵早约700年。

站在展厅上层的回廊上，底层的虢季大墓一目了然。周围的一些现场发掘的照片,增添了身临其境的气氛。沿楼梯下行,就可走近虢季墓。这座西周宣王晚年的墓葬距今2 800年左右,墓内的棺椁采用诸侯级一椁双棺定制,出土铜、铁、金等19大类5 293件(颗)文物,其中多为稀有罕见的精品。由墓葬情况看墓主人下葬时口中含玉,面部覆盖缀玉面罩,胸佩七璜组玉佩,腰佩黄金带饰组成的腰带,双手握玉,脚趾夹玉,脚下踏玉。深达12米的大墓底部,完全按清理时的原样展示。南侧的三座侍从墓及殉马坑根据级别高低,从北向南排列。这些侍从生前效忠于虢季,死后也陪伴着他,呈现出虢国墓地聚族而葬并依身份高低墓葬从北向南排列的特征。由于周天子大墓到目前为止尚未发现,该墓葬群可说是西周时期级别最高、规模最大、随葬品最丰富的墓葬。

从梁姬墓出土的1 506件随葬品精选出的展品中,凤鸟纹、梁姬罐及五璜组玉佩是其中的极品。呈球形的梁姬罐因盖内有两行五个字的反书铭文而闻名,其中最后两个字因目前无人能释读而成为一个谜。由形态各异的玉璜、红色玛瑙珠、菱形料珠相间穿系而成的五璜组玉佩,制作精美,显示出墓主人生前的高贵。

虢国博物馆东侧的园林区,绿草如茵,地下还有很多座墓、车马坑等待重见天日,其中会有多少惊人的发现只能等待我们的发掘了。

虢国博物馆建筑独特,设计一流,馆藏文物精美贵重,堪称国宝,其威武的地下军阵,开秦始皇兵马俑之先河,真不愧为一处访古探幽、探寻历史文化的胜地。

在陕之塬

"陕"是陕西的简称,但陕这个地方却不在陕西,而在河南。在今河南境内,当年在号称"人门""鬼门""神门"的三道峡谷上修建了一座水库,从洛阳分置出一个地级市来,市的名字就叫"三门峡"。三门峡市的所在地其实是在以前陕县境内,这里是以前陕州治所之所在。中华人民共和国成立后陕州被并入洛阳,三门峡市成立时又从洛阳分出,所谓"陕"指的就是这里。

据说,陕在远古的时候叫夹方。此地南有伏牛山,北有中条山,又有波涛汹涌的黄河流过。所以,"夹方"的意思大概就是被两面夹住的地方吧。周灭商而得天下后,将"夹方"合二为一,成为一个"陕"字,此地以后就被叫作"陕"了。

陕这个地方具有黄土高原一些典型的地貌特征,这里分布着一些因流水冲刷而形成的高地,大至几十平方千米,小至几平方千米。这种四边陡、顶上平的台状特殊地貌,叫作"塬"。尽管随着水土流失的不断加剧,塬的面积在以惊人的速度缩小,但在今三门峡陕州区境内,还有东凡塬、张村塬、张汴塬等塬。其中的张汴塬,就是历史上的陕塬。

陕塬世传为周、召二公"分陕而治"之地。据《括地志》记载:"陕塬,甘棠西南也,分陕以塬为界。自陕而东,周公主之;自陕而西,召公主之。"据说,辅佐周成王的周公和召公曾在塬上立了"分陕石",今三门峡市文物陈列馆里还存有一柱形界石,叫作"分陕石柱",也叫"周召分界石"。今陕西的名称就是由此而来,所以,陕西不是"陕",而是实实在在的"陕塬之西"。

陕是八百里秦川的东门户,因地势险要,自古就是兵家必争之地。西周初年,周天子分封嫡亲建立诸侯国,虢国是周文王的弟弟虢仲、虢叔的封国,分东虢国、西虢国。虢国军事力量强大,颇受周王室器重,对周王朝的兴起、发展和衰落都有重大影响。虢国原封宝鸡,后迁于陕,国都上阳在今三门峡市东南李家窑一带。虢国一向维护周王室的正统地位,于是与逐渐强盛起来的晋国产生了矛盾。公元前655年,晋国用计借道虞国出兵,灭掉了虢国,回师途中顺道灭了虞国。"假虞灭虢""唇亡齿寒"的典故即由此而来。

虢国墓地位于今三门峡市区上村岭上,是我国迄今为止发现的唯一一处规模宏大、等级齐全、排列有序、保存完好的西周、春秋时期大型邦国公墓,出土有青铜器、玉器等精美文物约3万件。特别是号称"中华第一剑"的玉柄铜芯铁剑的出土,更是把我国的冶铁史向前提了近200年。在已发掘的国君虢季及其夫人、太子墓中,发现了全国最早、最大的地下车马军阵。这里如今已建成了虢国博物馆,除陈列出土的精美文物外,还原状展出了这几座大墓及陪葬车马坑。

发生在此地的另一个著名事件是春秋时期的秦晋崤之战。

自中原入关中的殽函古道有南北两条：南道出洛阳经宜阳、洛宁、雁翎关到陕州；北路出洛阳经新安、渑池、硖石关到陕州。两条路在陕州交会，经函谷关入秦。殽陵正处在从中原到关中的咽喉要冲上。《左传·僖公三十二年》记载："殽有二陵焉：其南陵，夏后皋之墓也；其北陵，文王之所辟风雨也。"殽陵之南陵紧扼雁翎关，北陵俯视硖石关，山高壕深，地势险要，是历代兵家必争之地。公元前628年，偷袭郑国不成而顺道灭了滑的秦军回师途中在殽陵遭到晋军与姜戎的伏击，"匹马只轮无返者"。这就有历史上有名的殽之战。

"五一"前夕，我去了趟三门峡陕州区。在陕塬上行走，那些历史上著名战役所留下的痕迹已荡然无存。但在陕塬上，我有幸看到了一种奇异的民居形式——地坑院。"上塬不见人，见树不见村，入村不见房，平地炊烟起，鸡犬声忽闻"，正是由地坑院组成的村落的写照。

地坑院是在平整的黄土地上挖一个六七米深、边长10到12米的正方形或长方形深坑，然后在坑的四壁挖8到12孔窑洞，窑院一角的窑洞挖出一个斜向弯道通向地面，作为居民出入院子的门洞。门洞正对的窑洞是长辈居住的正窑，即主窑，左右为侧窑。不同的窑洞有不同的功用，分别用于起居、存储及作为厨房、牲畜圈、茅厕等。建造地坑院时，人们会按"风水流脉"确定地坑的朝向，依主窑朝向的不同，分为"东震宅""西兑宅""南离宅""北坎宅"四种。

地坑院又叫天井院,人们一般都会在天井里种上两棵树,一般是桐树、梨树各一棵,偶尔有种枣树的。之所以种两棵树,是因为种树多了会影响院内的采光,而院内只种一棵树,就成了"困",不吉利。很多地坑院里还种有蔬菜和花卉,富有浓郁的农家情调。地坑院里还有一个6米左右的渗井,主要用来积蓄雨水并解决雨水倒灌的问题。有一些地坑院的四周砌有三四十厘米高的拦马墙(又名女儿墙),一方面防止下雨时雨水灌入院里,一方面考虑儿童和夜里出行人的安全,还可以起到一定的美化作用。

冬暖夏凉,造价低廉,是地坑院公认的优点。但更多的人因其采光不好,通风不畅,占地较多而逐渐在地面建房居住。如今,这种被国内外游人称为"建筑奇迹"、中国北方"地下四合院"的地坑院正面临消失的危险。也许将来留下来的只是专门保护起来供参观的民俗博物馆。

在陕之源,曾经有过金戈铁马,也存在过如此奇特的民居,它已经消失的和正在消失的一切,是那么让我们留恋缅怀!

东方克里特

克里特岛是爱琴海上最大的岛屿，3 000多年前，那里已经有了高度发达的文明，特别是最后几百年米诺斯王朝建立的文明，更是盛极一时。通常，我们认为现代西方文明的一个重要源头是古希腊文明，而古希腊文明的起点则是3 000多年前的克里特文明。但克里特文明神秘地消失了，它消失的原因至今仍是一个难解之谜。因此，也许尽管人类现代文明，特别是西方文明中处处蕴含着克里特文明的因子，克里特文明究竟是一个什么样的面貌，我们却很难弄清楚。

在中国，黄帝被认为是"人文始祖"，有关黄帝的传说流传极广，到处都有与之相关的地名，但黄帝时代的文明究竟是个什么样子，我们至今也没有弄清楚，甚至很多人认为黄帝原本就是一个传说中的人物。同样，米诺斯王在西方一直以来也被认为仅是希腊神话中的传说人物，克里特岛的发掘证实了传说所包含的历史真实性。那么，究竟哪里能证实黄帝传说的真实性呢？尽管现在与黄帝相关的地名和传说在空间跨度极大的不同地区都随处可见，但它们应该有一个共同的出处，从那里，古老的传说随着人的迁徙而被带到四面八方，并用那些古老的地名为他们新的居住地的山山水水命名，以此作为纪念，并延续文化的血脉。这个出发点,应该就是"黄帝文明"的"克里特"。那么对于"黄帝文明"来说,它的出发点在哪里呢?不少专家认为,它的出发点,就在河南的灵宝。中国社会科学院的罗琨先生更是明确指出:"在灵宝不仅鼎湖之说来源很早,地下还埋藏着同一历史时期丰富的文化遗存,地上地下互相呼应,却是少见的。这很容易使人联想起希腊米诺斯文明的发现,也许,铸鼎原会成为中国的'克里特',将拨开黄帝时代迷雾,进一步揭示中华文明的起源。"

黄帝铸鼎原位于河南省灵宝市阳平镇的荆山,南依秦岭,北濒黄河,这里有很多与黄帝有关的地名:铸鼎原、鼎湖、荆山、蚩尤山、夸父山、桑园……而且每个地名背后都有一段与黄帝相关的传说。不唯如此,历代典籍如《水经注》《地理志》《魏土地记》《晋书》等都有相关记载。司马迁更是在《史记》中明言,黄帝"采首山铜,铸鼎于荆山下",把荆山描述为黄帝铸鼎祭天铭功之处。

传说、文献记载之外,灵宝黄帝铸鼎原周围,有着新石器时代仰韶文化晚期、龙山文化早期的古文化遗址。位于铸鼎原西侧的北阳平遗址是目前发现的全国最大的古文化遗址,它南北长5 000米,东西宽300到500米,文化层厚3到5米,可谓新石器时代的十里长街,在考古史上十分罕见。

仰韶文化庙底沟类型以三门峡为中心,存在于公元前4000到公元前3300年间,这是仰韶文化最繁盛的时代,其范围西至渭河流域,东达伊洛、郑州地区,南到南阳地区,北抵河套地区。灵宝的铸鼎原正位于庙底沟类型的中心分布区,且发现了面积约

100万平方米的中心聚落。也许,这里就埋藏着黄河流域公元前4千纪社会变革的实证,为我们探索作为中华文明起源的"黄帝时代"提供切实的帮助。

现在的考古已经证实,我国于公元前3500年进入了铜石并用的时代,如更早的陕西临潼姜寨一期遗存中发现的原始冶炼的实证——黄铜制品,晚一些的甘肃东乡马家窑文化遗址出土了合范铸造的小铜刀。由此推及,铸鼎原这时已有铸铜是可能的。在灵宝铸鼎原附近的西坡遗址,已发现有精心施工的大型房址和窖穴,还发现了铜矿石,故有专家认为这表明司马迁所谓"采首山铜,铸鼎于荆山下"并非虚言。中华文化一向视鼎为国家权力的象征,故有"问鼎中原"之说。因此,"黄帝铸鼎"表明黄帝时代已开始使用铜器。

早在汉武帝时,这里就开始建庙立鼎,以祭祀中华人文始祖黄帝,此后历代都有修缮、扩建。现在,当地政府在原遗址上复建了轩辕黄帝铸鼎原,为华夏子孙前来祭人文之祖、寻文化之根提供了一个上佳的去处。贺敬之先生曾亲临此地并赋诗一首:"中华五千年,史证灵宝见。荆山登高望,古今两惊叹。"

芒砀山记

豫东地区是一片浩瀚无垠的平原,古时一位官员来此上任,行走在一望无际的大平原上,不由发出了"平原大如海"的慨叹。就在这片如海的平原上,隆起了十几座山峦,俯视着无边的大地,于是千百年来许许多多的故事在此轮番上演。这就是芒砀山。

2006年,中国作家'06金秋芒砀笔会在永城举行,我有幸与会,领略了芒砀胜景。芒砀诸峰,虽有如鱼山陡峭挺拔者,但其余皆山势平缓。芒砀10余座山峰在广袤的黄淮平原上突兀而起,逶迤起伏,虽然最高峰海拔也不过150多米,但其妙处正在于平中出奇,尽得千里平原之势。而林木葱茏,云蒸霞蔚,隐隐然有王气浮动,则是芒砀之绝胜处。

诸峰互不连属而浑然一体,在方圆不足10平方千米的区域内,蕴藏了各个历史时期的文物古迹,中国历史的每个阶段几乎在此都留下了清晰的印迹。

春秋末年,孔子率领他的一干弟子去曹适宋,经过芒砀山时,突逢大雨,就躲在一处天然石崖下避雨。也许,古往今来曾在此避雨的人车载斗量,不可胜数,但因为这个避雨的人后来被奉为"至圣先师",所以就有了不同寻常的意义。于是为了纪念孔子,后人就在此雕了一尊拱手屈膝盘坐的孔子石像,并建文庙以奉祀。

孔子适宋,未尝没有寻求权力的意思。但他周游列国,始终与权力无缘,困于陈蔡而作了《春秋》。饶有意味的是,在孔子避雨芒砀之后约280年,又有一个人因大雨被困于此,无奈中斩白蛇揭竿而起,由此开始一步步走上权力的巅峰。这个人就是刘邦。在刘邦斩蛇处,古人曾立碑纪念。后石碑残破,1982年永城乃重立一通汉高帝斩蛇碑。不想后来有人偶然发现夜来光照碑体,会出现一个金甲武士形象,此碑遂以灵光幻影而著称于世。这虽然是一种光学现象的巧合,总算是一个奇观吧。刘邦成就帝业后,一次途径芒砀,回想起昔日斩蛇举义,在紫气岩下躲藏的往事,感慨万千,又唱起了他的《大风歌》,并把原封在此的萧何改封南阳,将此地拓为自己的汤沐邑。后人在此建起了歌风台。《大风歌》所唱出的,正是一个登上权力之巅者的满腔豪情。

巧合的是,秦末还有一个与此地有缘的人,他也是因为大雨耽误行期而揭竿起义,期望问鼎权力之巅,这个人就是曾质疑"王侯将相,宁有种乎"的陈胜。但陈胜留给后人的更多是悲叹:他没有死在疆场,没有死在对手的屠刀下,却命丧自己的车夫之手。也许,连自己的车夫都不能使其誓死效忠者,何谈天下归心,想成就霸业终不过是痴人说梦。陈胜死后被故将葬于芒砀山。毕竟,陈胜的起兵无论如何是帮了刘邦的大忙,所以刘邦建汉后即派30户丁役守墓,以王侯规格祭祀陈胜。后世的统治者当然不会如此善待这个"反贼",于是陈胜墓逐渐成为一个孤坟野冢。好在大家都知道他的墓里也不会有什么陪葬品，所以也没人去打扰他在地下的清静。

陈胜被葬于芒砀山，大约并非他本人看上了这里的风水，可能纯粹事出偶然。而汉兴以后，这里却实实在在成了众人眼中的风水宝地，于是大大小小的山头葬下了许许多多的王公贵族。几十年前，共产党领导人民破除封建迷信大见成效，大家都不信风水了，芒砀山成了采石场，炮声中一座座汉墓暴露在光天化日之下，不承想今天却成为当地发展文化产业的重要资源。

芒砀山西汉梁国王陵墓群埋葬着西汉梁国八代九王及王后、大臣，其规模之大、品位之高，令人叹为观止。其中位于保安山东麓的梁孝王刘武及夫人李王后、其子刘买三大墓室，是在距山顶几十米处人工开凿而成的，斩山作廓，穿石为藏，结构复杂，气势恢宏，宛如地下宫殿一般。其中梁孝王夫人李王后墓全长210米，坐便、浴室、冰凌石室一应俱全，被中外考古学家称为"天下石室第一陵"，并认为这些石室陵墓的规模与价值比之北京明十三陵毫不逊色。

汉时人们有"事死如生"的传统，所以汉代贵族墓总会有大量珍贵随葬品。芒砀山梁王陵墓目前已有多套金缕玉衣及大量鎏金车马器、青铜器、骑兵俑、精美玉器等稀世珍宝出土，具有极高的历史、艺术及科研价值。其中柿园汉墓前厅顶部还发现了一幅面积约30平方米的壁画，正中一条青龙飞纵南北，龙口舌卷玄武，朱雀、白虎分列左右，形象栩栩如生。这幅壁画是我国目前发现的唯一一幅西汉早期诸侯级别巨幅彩色壁画,早于敦煌壁画600多年,被誉为"敦煌前之敦煌"。

诸多墓葬中,随葬品最多的可能是梁孝王刘武的陵墓了。这位汉天子刘启的胞弟,深得窦太后宠爱,又在平定"七国之乱"时立下大功,享受到了天子般的仪仗和荣耀,封地又为天下膏腴之地,积聚起了足可敌国的财富,于是就做起了天子梦。可惜的是,没等他登上权力之巅,甚至连陵墓尚未竣工,他即暴亡,后按天子规制在陵前建立了寝园。然而,生前这些财富没帮他夺了天子的宝座,死后他也无福享用,只引得曹操引兵入砀,伐梁孝王冢,破棺收数万金,并用这笔财富为汉室江山掘了墓。

葬于芒砀山的这些贵族,都是大权在握而富甲天下之人。但众多的随葬珍宝和金缕玉衣非但无法使之不朽、永享富贵,反倒引得盗墓贼频频光顾,以致尸骨无存。而一个文弱的读书人,既无财富可资享用,也无权力令人畏惧,但他将自己伟大的思想传给了后人,至今薪火相传,生生不息,即使野外的一个避雨处,也让后人顶礼膜拜。读书人能得如此,夫复何憾?当然,这也许只是一个穷酸文人的自我安慰,却也是不变的追求!

太　昊　陵

太昊陵是伏羲氏的陵寝,这处陵庙合一的古建群,是我国陵庙中大规模宫殿式建筑的孤例,它位于河南省淮阳县(今周口市淮阳区)城北的蔡河之滨,坐北面南,大门正对着碧波荡漾的龙湖。

伏羲氏被称为"人祖",世传为中华始祖,史称"三皇之首""百王之先"。《史记·补三皇本纪》称:"太昊庖牺氏,风姓……母曰华胥,履大人迹于雷泽,而生庖牺于成纪。"不同的史书中的所谓太昊、太皞、太皓、伏戏、伏希、庖牺、炮牺、宓羲、虙戏等,其实说的都是伏羲。伏羲氏带领他的部族逐水草而牧,在草木丰茂的宛丘(今周口市淮阳区)定居下来,史书记载其"都于宛丘",开辟了华夏文明的新纪元,奠定了中华民族大一统的基础。伏羲氏的功绩概括而言有以下几个方面:结网罟,兴渔猎;养牺牲,充庖厨;画八卦,造书契;作甲历,定四时;造琴瑟,歌扶徕;正姓氏,制嫁娶;建屋庐,始定居;尝百药,制九针;造干戈,饰武功;以龙纪官,分理海内……故此,《汉书》把太皞帝宓羲氏列为"上上圣人",后人则尊其为"斯文鼻祖""亘古一人"。

文献记载,伏羲死后葬于陈(今周口市淮阳区),此地在春秋时即有陵,汉以前有了祠。此后帝王对伏羲陵日益重视:唐太宗贞观四年（630年）颁诏"禁民刍牧"；后周世宗显德元年（954年）"禁民樵采耕犁"；宋太祖建隆元年（960年）颁《修陵奉祀诏》，置守陵五户；乾德元年（963年）诏三年一飨，以仲春之月牲用太牢；宋开宝、咸平、景德、祥符等年间均有修葺，陵与庙祀也日渐崇隆，并开始有御祭。靖康之后，祀事不修，庙貌渐毁。

明洪武三年（1370年），朱元璋访求帝王陵寝，太昊陵列第一。次年正月，他驾幸陈州（今周口市淮阳区），亲自撰写祭文，并派会同馆副使路景贤代自己到太昊陵致祭。明正统十三年（1448年），陈州知州张志道奏立寝殿、廊庑、戟门、厨库、宰牲等房；天顺六年（1462年），知州复加修葺，立后殿、钟鼓楼、斋宿房，具祭器，又作三清观，并改立前门；成化六年（1470年）又加修葺，并庄严帝像，增高钟鼓楼，彩绘殿宇；嘉靖以降，历代均有增修，至清乾隆十年（1745年）发帑银八千两，大为修葺。至此，内外城垣定下了其规模宏大的格局。

太昊陵整个建筑群的布局和命名均依帝王规制和伏羲氏先天八卦之哲理，分列在750米长的中轴线上，由南至北依次为渡善桥、午朝门、东西天门、玉带桥、道仪门、先天门、太极门、三才门、五行门、仰观门、俯察门、钟鼓二楼、东西廊房、两仪门、四象门、统天殿、显仁殿、太始门、八卦坛、太昊伏羲氏之陵、蓍草园等。整个建筑群由外城、内城、紫禁城三道皇城护卫。

历朝历代，上至帝王大臣，下到平民百姓，到太昊陵拜祭者络绎不绝，留下了大量碑碣。据2005年统计，现存历代碑碣285

通，其中有历代皇帝派大臣来祭祀所立的御祭碑 7 通，赞颂太昊伏羲氏的题词碑 10 通，记述重修或增修经过的重修碑 15 通，其余大多是民众乐捐的功德碑和进香碑。

伏羲陵气势雄伟，巍然耸立，素有"羲陵岳峙"的美誉，有诗赞曰："孤峻陵如峙，巍巍近接云。河图钟瑞地，古圣有庖坟。碑剥留残字，松高挂晚曛。至今瞻望处，灵气尚氤氲。"

太昊陵庙内古柏森森，最为奇特的是一株巨大的古柏中间于 20 世纪 70 年代长出了一棵檀树，檀树生长较柏树迅速，现在檀树已长成一棵大树，郁郁葱葱的，形成了奇异的"柏抱檀"景观。

自古以来，太昊陵就有庙会。庙会的会期是每年的农历二月初二到三月初三，历时长达月余，其中最热闹的是二月初十到二十这 11 天，尤其是二月十四至十六这 3 天。会期内，大路上车水马龙，人流如潮；庙院内人山人海，摩肩接踵，几无立足之地，每天人数少则数万，多者数十万。庙会上出售的"泥泥狗"和"布老虎"，历史悠久，据说是图腾崇拜的遗风，国内外专家称之为"真图腾""活化石"。

庙会期之外，逢农历每月十五，周围的道路上也会人如潮涌，其中以女性居多，都是赶去朝祖进香、求子祈福的，由此足见伏羲氏在百姓心目中作为华夏始祖不可动摇的崇高地位。

盘古爷,我回来了

"你回来了!"

初次到泌阳的人,听到当地乡亲这样亲切的问候,常常会疑心对方认错了人。但是,一次、二次、三次……当一而再,再而三地听到这样的问候时,自己就会非常纳闷:到底是自己长得太像这里的某个人,还是有别的什么原因?自己第一次来到这里,祖上多少代也都不是此地人,为什么这里的每一个人都不说"你来了"而要说"你回来了"呢?

深入了解之后,才知道这句看似简单随意的问候语,其实大有深意。

泌阳位于河南省驻马店市西部,南阳盆地东沿,伏牛山和大别山两大山脉在此交会,长江和淮河两大水系在此分流。泌阳城南15千米有座山,并不很高,主峰海拔仅459米,也不险峻,名气却非常大,它就是有名的盘古山。传说当年盘古开天辟地,繁衍人类,造化万物,就是在这个地方。

有关盘古开天辟地的创世神话,流传相当广泛。目前汉族有关盘古的记载最早见于三国吴人徐整的《五运历年纪》,其中这样记述盘古化身的过程:"天气蒙鸿,萌芽兹始,遂分天地,肇立乾坤,启阴感阳,分布元气,乃孕中和,是为人也。首生盘古,垂死化身,气成风云,声为雷霆,左眼为日,右眼为月,四肢五体为四极五岳,血液为江河,筋脉为地里,肌肉为田土,发髭为星辰,皮毛为草木,齿骨为金石,精髓为珠玉,汗流为雨泽,身之诸虫,因风所感,化为黎氓。"南朝梁任昉《述异记》也有类似的记述:"昔盘古氏之死也,头为四岳,目为日月,脂膏为江海,毛发为草木……盘古氏,天地万物之祖也,然则生物始于盘古。"此后有关盘古的记述更加丰富。在这些神话传说中,盘古创造世界的过程乃是一个化身的过程,他以自身的牺牲,化育了宇宙万物,于是,盘古就成为汉民族创世造人的人格神。

唐朝时,人们对盘古的崇拜和祭祀已蔚为大观,泌阳盘古山巅的盘古庙大约就是在此时建成的。盘古庙由山门、大殿、左右廊房组成,盘古塑像头上生双角,方面大耳,身披兽皮,腰缠树叶,赤脚坐在神坛上。每年农历三月三,人们都会从四面八方赶到盘古山祭祀盘古,祈求盘古的保佑,求子祈福,这就是有名的盘古庙会。延至晚清,盘古庙在战火中遭到毁坏,直到20世纪80年代才得以重修,盘古庙会却一直绵延不断,现在每年赶会者都有数十万众。

盘古神话在泌阳一带被演绎成了各种各样的传说。除创世传说外,盘古兄妹创造人类的传说也流传很广。汉民族兄妹"滚磨成亲"的传说在很多地区都有流传,在有些地方,事件的主角是伏羲和女娲兄妹。而在泌阳,"滚磨成亲"的则是盘古兄妹。在此地的传说中,盘古山下的盘古村是盘古居住过的地方。在远古的一次天塌地陷中,盘古与其妹妹被石狮搭救,躲过劫难,他们成了世间仅存的一对男女。为了繁衍人类,他们不得不按照神的旨意"滚磨成亲"。据说两人不能接受兄妹成亲的安排,神就让他们各拿一扇磨站在两个山头,同时将磨盘滚下。如果两扇磨能合在一起,则两人必须成亲,这是天意。结果,两扇磨合在一起了,于是才有了生生不息的人类。所以,直到现在,泌阳人还把"夫妻俩"称为"兄妹俩",正是从盘古兄妹"滚磨成亲"说起的。

在泌阳,盘古山的周围还分布着与盘古有关的石墓、八子山、盘古磨、磨山、石狮子、石箱子、九龙山、盘古井、盘古船、百神庙等与各种传说相对应的景点,构成了有关盘古神话的一系列传说。

对我们而言,盘古神话只不过是先民对宇宙和人类起源的一种自然朴素的解释。但对泌阳一带的人来说,有关盘古的一切也许不只是传说那么简单,在他们看来,盘古的创世和造人都是远古时期实实在在发生的事件,不然,何以有这山、这磨、这一切呢?所以,对他们来说,宇宙从这里开始,人类从这里诞生,不管走到哪里,这里永远是人类最初、最根本的家园。那么,不管来自何方,到了泌阳就是"回来了",就是"回家了"!

了解了这些,来到泌阳,听到乡亲们"你回来了"的问候,真的会让人感到特别的亲切和温暖。"从哪里来?到哪里去?"这几乎是人类的一个终极困惑,也正因此,人类才会有在世的漂泊感和无助感。而在这声亲切的"你回来了"的问候中,我们仿佛找到了自己永远的家园,感觉到了一种前所未有的精神慰藉。

净　　土

我"回"到泌阳是在农历三月三的前夕。在此之前,我只是通过人们的谈论才知道有泌阳这么个地方,而且在道听途说形成的印象里,泌阳贫穷落后,无甚可观处。

但汽车驶入泌阳,景色为之一新。车行处,路两边的浅山低岭上满是盛开的桃花、梨花,红红如火,白白胜雪。和我同车的两位民俗学专家兴奋不已,举着相机不停地隔着车窗按动快门,并兴味盎然地回忆早年在农村时的经历见闻。

就在这样的激动与兴奋中,汽车将我们拉到了铜山湖开来山庄。山庄坐落在铜山湖国家森林公园和铜山湖国家级水利风景区之中,三面环水,背依青山。如此湖光山色,令人一见倾心。

铜山湖并非天然湖泊,而是泌阳大大小小的水库中的一个,本来叫作宋家场水库,它和板桥水库是泌阳境内的两个大型水库。铜山湖三面环山,林木森森,这片林区就是铜山湖国家森林公园。公园内动植物资源异常丰富,遂公园有河南的"植物标本库"之称。绿树环抱的铜山湖荡漾着万顷碧波,一个个小岛点缀其间,宛如人间仙境。

湖水非常清澈,没有一丝污染,它的那种淡淡的蓝色给人一种不真实的感觉。这种感觉与我 2004 年 9 月游喀纳斯湖时的感觉非常相似。有趣的是,在泌阳,我又听到了"喀纳斯·水怪"的铜山湖版本。我本不信什么"湖怪""水怪"的传闻,但我相信之所以会出现这样的传闻,是因为这片水域的神秘和人们对此有敬畏之情。

"喀纳斯"是蒙古语的音译,意思是"美丽而又神秘的地方"。喀纳斯湖位于新疆阿尔泰山的深山老林里,人迹罕至,保留了极为原始的自然风貌,被联合国的一位官员称为"世界上仅存的未受人类破坏和污染的风景秀丽的自然净土"。喀纳斯秀美的风光让我折服,而它脆弱的生态也令我感叹,我担心随着游人的不断增多,这片人类"最后的净土"会很快遭到破坏。更令我遗憾的是,如此美景在中原可能永远也不能得见。在我们生活的中原地区,一条条河流被污染了,浓黑的液体散发着令人作呕的恶臭。我们儿时记忆中美好的家园已经离我们远去,不再复返。然而,铜山湖给我带来了惊喜,让我在家乡发现了一方景色秀丽的自然净土。

当我们在泌阳的大地上行走,或泛舟于清澈蔚蓝的湖面,欣赏着一处处秀美的自然风光,我们应该对泌阳人民表达我们的感激之情。当绝大多数人都被现代化"追"得不敢停下脚步,在一路狂奔中把污水排向河湖,把垃圾堆向青山的时候,泌阳人民为我们保留了碧水青山,也为我们保留了对家乡最美好的记忆。

夜幕降临,与一两个好友在林间小道上散步,明显感觉到了农村和城市的夜晚的不同。城市的夜晚,在各种灯光的辉映下,那黑显得是那样的暧昧和不纯粹。而此时,夜晚的黑既纯粹,又并非漆黑一团,它非常富有层次,富有包容性。近处树木依稀黑黑的影子叠着远处黑魆魆的起伏的山峦,让人感觉到黑的浓淡区别。即使看不出所以然,也能明显感觉到树的存在、山的存在,感觉到夜色包容的一切。抬头望天,见到久违的星空是如此璀璨,发现天上的星星原来和儿时一样多,并未减少。仔细在天空寻找,看到了北斗七星,找到了北极星。星空是如此的深邃,如此的神秘。这星空,这看星空的人,连同这浩瀚的宇宙,究竟从何而来?这种玄想足以把我们逼向无底的深渊,让我们在这茫茫的宇宙中承受空虚感和漂泊感的无尽折磨。然而,我们来到了这方美丽的净土,并开始为盘古开天辟地的伟大牺牲所感动,于是就为自己找到了在世的依据。

　　心中有了信仰,精神就有了寄托,能够找到一方净土的人,有福了!

南阳汉画馆

"唯汉代艺术,博大沉雄。"这是鲁迅先生对汉代艺术的基本评价。而现存能代表汉代艺术水平的艺术遗存,当首推汉代石刻艺术。作为汉代墓葬中的建筑材料,汉画像石是一种以刀代笔、以石为底的石刻艺术品,可谓我国古代艺术宝库中的一朵奇葩,它既如一部汉代的绣像史,真实反映了汉代社会生活的诸多方面,又在我国造型艺术发展史上占有重要位置,以鲜明的民族特征,对我国绘画艺术产生了深远影响。河南是汉画像分布最为集中的地区之一,而南阳则是河南乃至全国出土汉画像居冠的地市。以汉画像石为例,在全国收藏、封藏的6 000余块石中,河南占3 000余块石,其中绝大部分在南阳。

南阳,西汉时是全国六大都市之一,东汉时是"陪都""帝乡",两汉时南阳的侯、王有22个。特别是东汉,帮助刘秀建功的重臣多是帝乡近亲,于是就在南阳封侯加官;东汉前期的皇后也多为南阳人,后族也有很多人被封官晋爵;再加上一批巨商富贾云集于此,南阳因而盛极一时。汉时人们有"事死如生"的习俗,盛行厚葬。南阳境内大量的汉画像石墓,正是南阳的贵戚、宠臣、世族、豪富竞相夸奢的结果。南阳汉画像石墓主要分布于唐河和白河流域,这里是当时南阳的繁华地带,而且取料方便。白河流域的石料来自蒲山,唐河流域的石料来自湖阳镇的狮子山。

南阳汉画馆是一座收藏、陈列和研究汉代画像石的专业性博物馆,它是我国建馆历史最早、规模最大、藏品数量最多的一座汉代画像石刻艺术博物馆。南阳汉画馆始建于1935年10月,当时的馆舍位于南阳民众教育馆内,馆藏汉画像石118块。随着大量散存画像石被发现和收集,原馆舍已无法容纳,于是于1958年在南阳市西郊卧龙岗上的武侯祠东侧再建一座汉画馆。馆舍展厅面积900余平方米,共收藏画像石500余块。郭沫若先生为新馆题写了"汉画馆"门额。20世纪70年代中期,馆藏量由原先的500余块石猛增至1 000余块石,展馆容量再次趋于饱和。1976年,开始在原馆东北侧再建一座新馆舍,并于1979年竣工开馆。新馆展厅面积1 700余平方米,展出画像石精品187块,馆藏画像石总量已达1 500余块。改革开放以后,作为南阳地方历史文化的杰出代表,南阳汉画像石在国内外的知名度越来越高,参观、研究南阳汉画像石的人日益增多,为适应新的发展需要,在20世纪80年代后期,有关部门决定投资新建一座规模更大,功能齐全,融展览、旅游为一体的现代化馆舍,经过多年的努力,新汉画馆终于在1999年12月竣工并对外开放。

新汉画馆坐落于南阳市区西南方的卧龙岗龙首处,背靠蜿蜒起伏的卧龙岗,前临滚滚流淌的白河,北与南阳名胜武侯祠相邻,地理位置优越,交通便利。整个汉画馆景区占地面积80余亩,院内的中心建筑是一座规模宏大的陈列大楼,总面积为6 000平方米。

南阳汉画馆景区大门两侧耸立着一对高达11米的仿汉门阙。大门入口处正中是一堵具有厚重、古朴特色的大理石墙壁，上刻郭沫若题写的"汉画馆"三个大字。穿过两边如茵的草坪，步入平坦的广场，拾级而上，可见一座凝重典雅、气势壮观的二重楼仿汉建筑——主体陈列大楼。

整个画像石陈列大厅的平面布局呈"T"字形，展厅总面积2 000平方米，馆藏汉画像石2 500余块，荣获"2000年度全国博物馆十大陈列精品"奖的基本陈列"南阳汉代画像石"共分九个展厅，按内容分类展出画像石精品200余块，分为生产劳动类、建筑艺术类、历史故事类、社会生活类、天文与神话类、角抵斗兽厅类、舞乐百戏类、祥瑞升仙类等。

南阳汉画像石的陈列充分采用现代化的装饰材料和独具风格的设计构思，尽可能地营造出一种浓郁的汉文化氛围。迎门的大厅内一对昂首而立的汉代大型石雕——天禄、辟邪，虽历经风雨沧桑，仍气势逼人，展现出一种卓然不凡的大汉雄风。序厅入口处，粗糙而厚重的石墙连接着挺拔的双阙，遥远的汉代仿佛就在眼前。按仿汉代廊庑式建筑格局设计的展框内摆放着形状各异的汉墓建筑装饰石材——画像石，更让人真切地感受到汉代建筑艺术之辉煌……

南阳汉画馆展出的画像石，内容丰富，题材广泛，几乎涵盖了汉代社会的方方面面，堪称"一部图画式汉代史"。生产劳动类画像主要有"耕耘""捕鱼"等；建筑艺术类画像主要有双阙、厅堂、楼阁等，是汉代建筑艺术成就的生动反映；历史故事类画像主要有二桃杀三士、鸿门宴、西门豹除巫治邺、赵氏孤儿等；社会生活类画像内容庞杂，有达官显贵投壶晏饮、车骑田猎、斗鸡走狗、往来拜谒等生活场景，也有诸多奴婢的形象；天文与神话类画像有日月同辉、日月合璧、苍龙星座等，颇具天文学价值，还有与天文密切相关的许多神话形象和故事，如日月神、嫦娥奔月、羿射十日、雷公、风伯、雨师、河伯以及伏羲、女娲等，这些画像融天象与神话为一体，具有自然科学与人文科学的双重价值；角抵斗兽类画像有击技、刺虎、斗牛等，这些画像中的人和动物，形象夸张，富有感染力，充分展示了崇武尚力、勇于挑战的时代精神；舞乐百戏类画像有各种舞蹈、杂技和乐器演奏的形象，展现了两汉时代歌舞升平的盛世景象，也是汉代南阳文化艺术空前繁荣的生动表现；祥瑞升仙类画像有龙、凤、鹿、龟等诸多祥禽瑞兽，更有羽人戏龙、乘龙骑虎的升仙场景，这些仙气弥漫、祥云缭绕的画像正是汉代盛行的天人感应、灵魂不灭思想的反映。

南阳汉画像石承三代钟鼎玉器雕刻之工，开两晋唐宋绘画之先河，留给后人以古拙素朴、活泼热情的艺术风采，其艺术价值主要表现在以下方面：雕刻技法多样，主要分为平面阴线刻、凹面阴线刻、平面剔底浅浮雕、横竖纹衬底浅浮雕以及局部的高浮雕等，其中又以横竖纹衬底浅浮雕和平面剔底浅浮雕最多；画面布局疏朗，主题鲜明突出，大多为一石一主题的构图；形象刻画不饰细部，注重整体效果，简略的大轮廓显示出粗犷、豪放的审美特点，在写实的基础上恰当地运用了夸张和变形的手法，迸发出一种震撼人心的力量和气势，线条流畅，动感强烈，如行云流水，又似轻歌曼舞，充盈着浪漫、洒脱的美学情趣；书法艺术方面，如许阿瞿墓志铭画像石中的铭文，竖刻6行，满行23字，共136字，既有隶书的纵横端庄，又可窥见魏碑的端倪。许阿瞿墓志铭是隶书向魏碑过渡时期的代表作，对于研究中国书法、书体的发展史以及画像石的断代分期都有着十分重要的价值。

南阳汉画像石为我国一画一主题的传统独幅绘画构图形式开辟了道路，并为我国民族艺术确立了不拘形似、追求神似、寓情于画、精神超于像外的创作法则。正因如此，南阳汉画被称为"纯粹的本土艺术"。作为中华民族的子孙，不到南阳汉画馆，就无法领略到汉文化的精髓，不得不说是一件憾事。

诸葛躬耕处

"南阳诸葛庐,西蜀子云亭",大约就是世人心中的君子之居,故刘禹锡《陋室铭》谓之"何陋之有"。南阳诸葛庐,也叫诸葛庵,位于今南阳市西南卧龙岗上的武侯祠内,是古人为纪念三国时著名政治家、思想家、军事家诸葛亮躬耕于南阳而修建的一所祠堂。

诸葛亮(181—234年),字孔明,汉末琅琊阳都(今山东临沂市沂南县)人,随叔父移居南阳,在卧龙岗结庐躬耕,广交士林。汉建安十二年(207年),刘备、关羽、张飞三顾茅庐拜请,诸葛亮为其诚心感动,畅谈了"三分天下"的策略,后追随刘备,助其建立了蜀汉政权,官拜丞相,封武乡侯,死后谥忠武侯,因此历代诸葛亮祠庙均称"武侯祠"。

晋时,因诸葛亮曾在南阳结庐躬耕,后人即在卧龙岗上建祠修院纪念诸葛亮。唐宋时期,卧龙岗诸葛庐已闻名天下。李白《南都行》、刘禹锡《陋室铭》都曾赞美过诸葛亮及南阳诸葛庐。可见在唐代,卧龙岗已成为著名的人文景观。元初时该祠毁于战火。元大德二年(1298年)南阳官府出资大规模重建,于元延祐二年(1315年)增设孔明书院。元延祐四年(1317年)仁宗皇帝交中书平章政事与翰林集议,将南阳卧龙岗古建名胜命名为"武侯祠"。1528年,明嘉靖皇帝特赐给南阳武侯祠"忠武"庙额与祭品。清康熙五十年（1711年）知府罗景主持重修武侯祠，在这次施工中，发现了一块前人咏"卧龙岗十景"的石刻，遂依图复建了"卧龙岗十景"及书院。乾隆年间，武侯祠出现了"漫道锦官祠宇好，龙岗今日更馨香"的盛况。现在武侯祠主要的建筑布局仍保持了明末清初的样式。

武侯祠现存殿堂房舍267间，主要建筑由东向西排列在一条中轴线上，从山门至大拜殿是人们祭祀诸葛亮的场所，之后是根据诸葛亮躬耕时的生活起居兴建的纪念性建筑物，最后是宁远楼，亦名清风楼。山门之外有诸葛井和澹宁读书台，左侧院有关张殿、三顾堂等，台下有诸葛书院。

山门上嵌有"千古人龙"匾额。过山门拾级而上，穿过镌刻有"汉昭烈皇帝三顾处"的石碑坊和仙人桥，迎面就是祠院的主体建筑——大拜殿。殿内塑有诸葛孔明像，诸葛孔明羽扇纶巾，神采飘逸。两侧是其子诸葛瞻、其孙诸葛尚的塑像。大殿外的卷棚内匾额、对联琳琅满目。

过了大殿，就是蓬松如伞、古朴美观的诸葛草庐，这就是诸葛亮当年隐居耕读的地方。草庐之外还有古柏亭、梁父岩、野云庵、诸葛井、半月台、躬耕亭、小虹桥、老龙洞、抱膝石等景点，被称为"卧龙岗十景"。这里处处清幽，景景称绝，尤其是祠中温文尔雅的诸葛亮、谦逊恭敬的刘玄德、急不可耐的张飞和神态安详的关羽塑像，惟妙惟肖，极尽其妙。为供游人更好地了解诸葛亮的生平事迹和伟大抱负，宁远楼里还用简明的文字记述了三国时期政治、经济、文化的发展情况。

武侯祠的另一大景观就是廊壁间镶嵌着的排列有序的400余块碑碣石刻,被誉为"卧龙碑林"。其中岳飞手书的《出师表》碑,是各地武侯祠中岳飞手书的最原始真迹,可称得上"三绝"。据碑跋称,宋绍兴八年(1138年),岳飞遇雨夜宿卧龙岗,感慨万千,挥泪手书《出师表》,以抒胸臆。所谓"三绝",一为文章绝,出师表为千载名篇;二为书法绝,岳飞的书法可谓苍劲峭拔,龙飞蛇腾,犹见忠武之气流于笔端;三为刻工绝,宛如手书。三者结合,可谓珠联璧合,相得益彰。

正如武侯祠山门匾额所题,诸葛亮诚可谓"千古人龙",是中国儒道思想的代表人物,也是智慧与忠诚的化身,是中国文人心中的偶像。能亲临奠定其思想基础、造就其卓越智慧、给予其远大志向的南阳卧龙岗祭拜心中的智慧之神,诚可谓中华儿女的一大幸事。

南阳府衙

衙门从来就是一个让百姓望而生畏的地方。想到衙门,耳边就会响起两班衙役极具威慑力的"威武"之声。古代官衙目前保存完好的并不多,人们很少能实地体验,关于古代衙门的印象基本上都来自影视剧。南阳府衙保存完整,规制完备,它可以让大家很好地领略自秦始皇设置郡县制以来留下的一个完整的郡级衙门实物标本。

南阳府衙坐落于南阳市民主街西部北侧,始建于南宋咸淳七年(1271年),历经元、明、清,共有199任知府,现存房屋100余间,布局严谨,规模宏大,气势雄伟。现存南阳府衙古建筑群对于研究中国古代官署的规划、形制、发展、变迁以及地方官吏的袭封、属员、诉讼、赋税、祀典、政事等都有十分重要的价值。

知府衙门坐北向南,中轴线两侧左文右武,前堂后寝,现存建筑保留了元、明、清三代的建筑艺术。位于中轴线上的衙署建筑自南向北依次有照壁、大门、仪门、大堂、寅恭门、二堂、内宅门、三堂等,另有部分耳房、配房、厢房、榜房、库房、科房、官邸、吏宅、马号以及古井、莲池等。整个建筑南北长300米,东西宽240米,占地面积72 000平方米,呈轴线对称庭院式布局。

照壁,俗称"影壁",南阳府衙照壁呈八字形,由青灰砖砌成,照壁下砌须弥座,背面青砖上有"南阳府城""南阳府"砖铭。照壁在建筑环境上起到了屏蔽作用,可营造一种庄重、森严、神秘的气氛。照壁的另一种特殊作用是警诫官员。古代官署衙门照壁正中通常画有传说中的怪兽犼,另有鹿角、狮尾、牛蹄、龙鳞,足踏元宝、如意、珊瑚、玉杯,旁有摇钱树、灵芝等,皆人间财宝。传说犼贪婪无比,任何东西都要吞食,后来在海边看到旭日,妄想吞吃,结果淹死在海中。明初,朱元璋施严刑重典惩治贪官污吏,将贪官以酷刑处死后,剥下整张人皮罩在草人身上,放在衙门前警诫进出官员。后来朱元璋意识到重典治吏的弊端,废剥皮实草之刑,钦定各级衙署照壁必须绘犼吃太阳的图案,以达到警诫的目的。衙门照壁绘犼此后成定制,一直沿用到清末。照壁、大门、八字墙构成了府衙的第一进院落。史书记载:在这一院落中,照壁两端与八字墙两端以外建有过街牌坊两座,即召父坊和杜母坊。"召父""杜母"分别指的是召信臣和杜诗,这两人都是汉代有名的南阳太守。召信臣在白河支流上建了著名的水利灌溉工程,称为"召父渠",该渠在今南阳市新野县白河故道上还留存一段;杜诗发明了著名的水排,改进了汉代的冶铁技术,大大提高了劳动效率。这两位太守都为古代南阳的经济发展做出了杰出贡献,因而被后人尊称为"召父""杜母"。清代知府将古代衙门前的东西辕门改为牌坊,以示效仿,"父母官"的称谓也由此而来。

大门是府衙的出入口,也是府衙建筑等次的象征。以府衙门扉为例,根据古代定制,明清南阳知府是四品官,府衙大门用黑门锡环。

仪门在古代称为桓门,汉代府县治所两旁各筑一桓,后二桓之间加木为门,曰"桓门"。宋避钦宗讳,改为"仪门",即礼仪之门。明清衙署第二重门通称仪门,取"有仪可象"之意,是主事官员迎送宾客的地方。《明会典·官员礼》记载:凡新官到任,至仪门前下马,由迎接官员迎入仪门。府治喜庆大典,皇帝临幸,宣读诏旨或举行重大祭祀典礼活动时,也要大开仪门。清末,为避宣统溥仪之讳,一度将"仪门"改为"宜门"。仪门平常是不开的,人们出入府衙,走的是东侧便门,即府衙仪门的东配房。根据古代制度,府衙仪门的西侧还有一座配房,为司狱司,即"鬼门"。大多数衙门的"鬼门"只有一间,而南阳府衙"鬼门"则与仪门东配房一样,都是三间五架,只是高度略有下降。仪门东西便门两侧与府衙六房(吏、户、礼、兵、刑、工六房)构成廊道相通,并与府衙大堂相接,浑然一体。大堂是整座衙署的中心建筑,仪门则是大堂之门户。

南阳府衙大堂高峻威严,气势宏大。该大堂重建于清顺治五至八年(1648—1651年),虽经后世几次修缮,但柱檩梁枋更换无几,保持了清代的建筑风格和手法。府衙大堂由大堂及其前部卷棚两部分构成,坐落在高1.2米的青石基之上,设三级踏步,其前又有堂前月台,再三级踏步,大堂主体为典型的清式五架梁带前后双步梁(其中明间减掉前排金柱)硬山式建筑。檐用斗拱,堂内露明显示了府衙大堂规格之高、威仪之严。大堂在古代称"黄堂",各地或依作用称正堂、正厅、公厅、公堂,或为申明施政宗旨称忠贤堂、爱民堂、壮丽堂等。清代南阳府衙大堂称公廉堂,是知府开读诏旨、接见官吏、举行重要仪式、公开审理决讼案件的地方。大堂明间正中设公案,两侧列"肃静"牌、"回避"牌及其他仪仗。根据清代定制,作为四品官知府,其仪仗为青旗四个,杏黄伞一把,青扇一把,铜棍、皮槊各两个,"肃静"牌、"回避"牌各两个。大堂公案背景设屏风,上饰云雁。堂前卷棚站的是三班衙役。衙门审决的案犯,常羁押在堂前月台下刑皂房待审。知府升堂,师爷随上。东西稍间辟为夹室,记录堂谕口供。遇到可以公开审理的重大案件时,府台大人常令仪门大开,让百姓至堂前围观,以示其秉公执法。

寅恭门为府衙第三道门,也是二堂之门户,寅恭门意为恭恭敬敬迎接宾客的大门,实际上也是一种礼仪之门。有些地方衙门堂前可以不做此门,而直接于大堂屏风后设屏门。南阳府衙寅恭门为清代知府顾嘉蘅主持重修,距今已有150余年历史。寅恭门东西各有耳房两间、配房五间,规模形制悉与寅恭门相同,当为同一时期重修。其中东配房明间另辟门洞,为进入东偏院的门户,其廊与寅恭门连为一体,东山门洞直达府衙副线建筑的厅院(粮捕厅)。如此构成了以寅恭门为中心的纵横轴线网络,将府衙主要建筑连为一体,实现了功能上与结构上的整体统一。

南阳府衙二堂仅次于大堂,其面阔比大堂少2米,但进深又比大堂多1.8米,因此更显深邃,整体建筑别具凝重庄严之感,与大堂突出高峻、威严的形象略有不同。同时，由于二堂内金柱进顶五架梁，而天棚又高设于五架梁间，因此室内空间显得高大宽敞，突出了府衙二堂特有的气势，显示了衙署建筑创造威势氛围的文化底蕴。现存南阳府衙二堂重建于清初顺治四年（1647年），重修于道光二十七年（1847年），清末知府傅凤飏也曾葺残补缺，加以整修。据载，堂匾曾为"退思堂"，现名"思补堂"为知府顾嘉蘅重题。有关资料记载，府衙中的重大案件，一般都在二堂审理，誊录房抄完口供后，知府大人从二堂西稍间（西山门洞）进入耳房，到师竹轩里签判，然后才可到大堂进行公开审理。由于二堂是知府的主要日常办公场所，大部分府属机构多是围绕二堂布置，包括东侧的粮捕厅、西侧的理刑厅、东南侧的税课司、西南侧的照磨所等，东侧靠后有桃李馆、桂香室、虚日轩，西侧靠后有菊圃、韭园、虹桥水池，为衙署官员提供了一个别有洞天的休憩场所。特别是到了清代中后期，由于府衙内部机构的增改裁并，两侧不少建筑在功能上有所变化。二堂两侧偏院外更多体现的是一幅田园式的景物风貌：透过古朴典雅的门楣隔扇，走在蜿蜒曲折的幽深小径上，你可以看到槐荫静舍、菊圃、韭园，可以闻到桃李芬芳、桂花飘香，可以听到鸟啼虫鸣、晨钟暮鼓，还可以想到知府在此邀其幕友叙旧论政、举行大型宴请活动的生活场景。

穿过门，即为三堂院落，其中三堂两侧两座配房与厢房构成东西偏院，另外有东西跨院、廊房，整个院落较大堂、二堂各建筑更为豪华壮丽。三堂，也称官邸，是知府处理内务的地方，内设接待室、书房、更衣室。知府常在这里接待上级官员、商议机密事件、处理隐私案件等。三堂既然是内宅,自然也是燕居憩息之所。根据古代形制,衙署建筑都要遵循前堂后寝的格局,府衙三堂东次间辟为办理公务的场所,即内签押房,东稍间则设置罩子木床一张,供知府休息之用;西侧两间则辟为知府书房,室内结构工整,装修精细,摆设考究,古色古香的书架、宽大的书桌、雕刻精细的博古架、墙上悬挂的名人字画,都显得文雅大方。平时知府在此习经写字,著书立说,教子读书。

南阳府衙花园占地面积10多亩,西有池水,东有叠山,园中假山耸峙,绿水穿绕,亭榭掩映,花香鸟语,春季花草繁盛,秋季硕果飘香。靠东侧偏院之后有别植竹园一处,翠竹扶疏,清静雅致,颇有郑板桥"衙斋卧听萧萧竹,疑是民间疾苦声"之匠心意蕴。花园东北隅有知府宅,是一组典型的清式四合院建筑,对外封闭,对内开放,轴线明确,左右对称,布局合理。在院中赏花植木,可满足道家遁世的渴求;打开大门又可以投身世俗生活,可实现儒家出世的愿望。传统的儒道矛盾在四合院中找到了平衡点。严谨的空间序列,对称的布局,沿轴线空间等级的递进,反映了宗族合居存在的尊卑、长幼、男女、主仆的等级差别,用空间的差异区分了人群的等级关系,传统的封建礼教思想在府衙的这组典型的四合院中得到了充分的展现。

府衙可谓缩小版的故宫,观南阳府衙,对中华传统文化可以有深入的切身体验。

内乡县衙

在文物古建和旅游界,有"北有故宫,南有县衙"之说,这个县衙,指的就是内乡县衙。河北保定直隶总督署、山西霍州署、河南内乡县衙是代表我国古代省、州、县三级的保存较为完善的官署衙门,三地与被列为世界文化遗产的北京故宫博物院共同构成"中国四大古代官衙"旅游专线,故有"龙头在北京,龙尾在内乡"之说。

所谓"故宫易保,县衙难存",故宫作为皇宫,历来受到重视,并能得到妥善保护,但县衙作为中国封建社会最基层的官署衙门,很容易遭到破坏。内乡县衙当年的部分建筑已不复存在,但其主体建筑历经岁月侵蚀仍然能够保留下来,实属罕见。1984年它被批准成为国内第一座县衙博物馆,并以其特有的历史价值、自身的魅力和独特的风格受到广泛关注,被誉为"神州大地绝无仅有的历史标本"。

内乡县衙位于内乡县城东大街中段北侧,坐北朝南,始建于元大德八年(1304年),明初重建,以后又屡次扩充规模,明末被李自成农民军烧毁,清朝康熙年间又重新修建,房舍达300余间。清咸丰七年(1857年)又被捻军焚毁。清光绪二十年(1894年),正五品知县章炳焘全面重修县衙,建起了房舍280间、占地

27 000平方米的庞大的县衙建筑群。

现存内乡县衙建筑群具有独特的建筑风格，它在整体布局上严格按照清代地方官署规制，表现了"坐北朝南、左文右武、前朝后寝、狱房居南"的传统礼制思想。同时，由于修建者章炳焘是浙江绍兴人，受其影响，整个建筑群融南北风格于一体，规模宏大，布局严谨，深邃森严，富于变化。

内乡县衙整体布局分为中轴线（知县衙）、东侧副线（县丞衙）和西侧副线（主簿衙）三大部分。中轴线建筑有宣化坊、照壁、大门、仪门、公生明牌坊、大堂、军械库、三班六房、二堂、公署、三堂及其配房、银局、税库、东西账房、库房、东西花厅等，东侧副线建筑有榜房、申明亭、寅宾馆、巡捕衙、县丞衙，西侧副线建筑有楼房、旌善亭、监狱、谯楼、吏舍、主簿衙等。但县衙东西两侧的副线建筑之前多数已遭损毁，现在所能看到的大多是章炳焘重修后保留下来的清代县衙的中轴线部分，计有房屋117间，建筑面积2 700平方米，占地面积6 700平方米。

宣化坊在大门之前，原为一座木构牌坊，四柱三楹，中置一方横匾，南面书"菊潭古治"四个楷书大字，北面书"宣化"二字，明朝成化年间始建，后多次重修。整个牌坊造型优美，雄伟壮观。此牌坊被烧毁后，清代又建有高大的石构牌坊。与宣化坊隔街相对的是照壁，依例绘贪婪之兽獬的形象，以此警诫官员。

大门面阔三间，中为通道，两边建有衙门常有的"八"字墙，大门两侧有一对威严的石狮，大门东侧原来放置了一面大鼓，是当年告状人击鼓鸣冤的地方,现存一通《三院禁约碑》,是明朝万历三十九年(1611年)知县易三才等立于公署门首左侧的。

入大门经过百米长的青石甬道(甬道中部原有仪门,俗称二门),拾级而上便入大堂。大堂、二堂、三堂是县衙中轴线上的三大主体建筑,均建在台基之上。大堂最为壮观,是昔日知县举行重大典礼、审理重大案件及迎接上级官员的地方。大堂上方悬挂"内乡县正堂"行楷匾额,堂前粗大的黑漆廊柱上有抱柱金联"欺人如欺天毋自欺也,负民即负国何忍负之"。堂中央有一暖阁,为知县公堂,正面屏风上有彩绘《海水朝日图》,黑漆公案上放有文房四宝、印盒、惊堂木及发令签等审案用物。阁外西侧摆放着堂鼓、仪仗及刑具等,阁前地坪上保留有两块青石板,东为原告石,西为被告石,石上现在留有四个明显的跪坑。

大堂月台下不远处,原来建有公生明牌坊和分列两侧的三班六房,现仅存四间兵、刑、工承发房。公生明牌坊是一座石构建筑,由"戒碑""戒石铭"演变而来。古代州县衙门大堂前均有这一设施。向南刻"公生明"三个大字,作为官场箴规,意思是公正方能明察事之本来;向北刻知县戒约"尔俸尔禄,民脂民膏,下民易虐,上天难欺",这样,知县坐堂理事即可见,以警示其秉公办事。

三班六房是明清时期州县吏役的总称。三班指皂、壮、快三班,皂班主管内勤,壮班和快班共同负责缉捕和警卫;六房指吏、户、礼、兵、刑、工六房,吏房掌官吏的任免、考绩、升降等,户房掌土地、户口、赋税、财政等,礼房掌典礼、科举、学校等,兵房掌军政,刑房掌刑法、狱讼等,工房掌工程、营造、屯田、水利等。县衙六房与中央六部相对应,其首领由知县指派小官吏担任,称书吏或承发吏,直接对知县负责。六房又依纵横分为左右列和前后行。纵向是左列吏、户、礼三房,右列兵、刑、工三房;横向是吏、兵二房为前行,户、刑二房为中行,礼、工二房为后行。这里也昭示了封建社会无处不在的森严的等级。

屏门是大堂通向二堂的一座屏障,门前有一个小院子,甬道两边有四间小屋,这是衙役听差的地方。屏门前置黑漆板门,后置格扇门。格扇门只供知县和上级官员出入,吏役等经过该门时只能从两侧的走廊通过。

二堂又名琴治堂,取《吕氏春秋》中宓子贱弹琴理案的典故,后用以称颂县令。二堂是知县处理一般民事案件的地方。堂前的楹联为"法行无亲令行无故,赏疑唯重罚疑唯轻"。堂上设公案,两侧有刑具。二堂两侧各有厢房五间,中间为过厅,由此可达东西花厅院。

穿过二堂进入天井院,院内东西各有配房三间,这是县衙有关官员处理公务的地方,故称"公署"。公署后面,是与三堂相通的穿廊。

从公署院向后,穿过穿廊和一道格扇门屏障,正面北屋就是三堂。三堂前檐矗立着四根黑漆大柱,前墙用透花格扇镶嵌,使得回廊显得特别宽广。三堂是知县接待上级官员、商议政事、处理政务的地方。三堂前面是一处宽敞的庭院,院内东西两厢各有配房四间，院内有一株古老的丹桂树，据说是元代留下来的，至今仍然生机勃勃，枝繁叶茂，巨大的树冠遮住了半个庭院。

三堂东西两侧各有一进房舍，为东西花厅院，是知县及其眷属居住的地方。三堂及东西花厅后边，原有一个县衙花园，园内建有兼隐亭等，现已损毁。

内乡县衙是中国封建社会县级政权衙门的实物标本和历史见证，是一个十分珍贵的文史资料库。县衙厅堂轩敞，院落数进，各组建筑错落有致，主次分明，廊道相接，浑然一体，体现了古代衙署的建筑特色和艺术风貌。衙署配置、室内外陈设和行政程式等，是研究中国古代县级政权的政治、官制、审判及思想文化的珍贵标本。

淅川八记

淅川位于河南南阳的西南部。如果不是严重缺水的形势危及首都北京，恐怕不会有那么多人关注南水北调工程；如果不是南水北调工程，恐怕也不会有那么多人关注丹江口水库——尽管在三峡工程完工之前它一直是亚洲最大的人工淡水湖。现在，即使大家已经知道南水北调最重要的中线工程要从丹江口水库引水到北京，为首都及沿线一些重要城市提供用水，但知道淅川的人仍然不多。多数人至今可能仍不知道，南水北调中线工程的起点——渠首，就在淅川县一个叫陶岔的地方，丹江口水库差不多有一半在淅川县境内。

绿水青山丹江

2008年5月下旬，河南作家一行10余人到淅川采风，一路所见，青山苍翠，绿水碧透，深入了解后，又为其历史文化积淀之深厚所折服。一天，当地组织采风人员现场题字，我于书法眼高手低，字写得歪七扭八，自然不敢献丑。但几天的淅川见闻又使我深有感触，脑子里忽然就冒出"楚韵汉风淅川，绿水青山丹江"两句。其时我正好与南丁先生坐在一起，他是书法名家，自然是要露一手的。我于是把这两句说给他听,请他写了下来。淅川的历史文化先不说,其自然景色却是一看便知的。

淅川处在豫鄂陕三省交界处,因淅水冲积平川而得名。此地西北接续秦岭,北部衔连伏牛,西南横卧四峰,东部襟带平原,境内重峦叠嶂,奇峰积翠。从气候上讲,这里属亚热带季风性气候,北去即过渡为暖温带气候,四季分明,温暖湿润,夏少酷热,冬无严寒,雨量充沛,水资源丰富。群山间河道纵横,丹江、老鹳河、淇河、滔河、刁河等五大河流密布。丹江口水库即因在丹江、汉江交汇点下游800米处筑坝截流而形成。

丹江口水利枢纽工程大坝的截流蓄水,淹没了淅川县中部和南部的大面积农田和许多城镇。目前,丹江口水库有60万亩水域位于淅川境内,丹江口水库最宽的地方也在这里,水面宽达20余千米。此处烟波浩渺,横无际涯,极目处水天相连,浑然一色,因此有"内陆太平洋"之称。丹江口水库被起伏的群山环抱,随着水位的升高、水面的扩大,原本挺立的山峰或成孤悬水上的岛屿,或成突入水中的半岛。绿波泛舟,船顺水转,山随人移,人行水中,山浮水上,波转峰回,别有韵味。

自雁口以上,江面为两岸绝壁峭崖夹峙,形成长达几十公里的峡谷,顺流而下,分别为云岭峡、太白峡、雁口峡,这就是著名的丹江"小三峡"了。"小三峡"入口第一峡是云岭峡,这里峰峦耸峙,壁立如削,所谓"飞鸟不进崖",说的就是这里。在狮子山壁上,有一座高达15米的天然石佛,面向江面,目视前方,神态安详，与四川乐山大佛相仿，让人不禁赞叹自然造化的神奇。云岭峡两岸，据说过去是松柏葱郁，远望如云，因此得名。出云岭峡即到太白峡，该段的特点是险中带奇，山崖间悬挂的巨石给人以随时会坠落之感，其上灌木丛生，垂蔓若绦，悠然飘摇。据传"诗仙"李白曾流连于此，故名太白峡。出口一段叫雁口峡，以两侧山势似雁嘴而得名，此段水面渐次开阔，有小岛耸于水面，其上多奇险怪石，八仙洞等各擅胜场。纵览丹江小三峡，"云雾锁怪石，碧水绕险峰"可谓其景色的真实写照。

丹江之"丹"

淅川如此优美独特的风景，几令游览者产生误入桃花源的错觉，加上其位置偏远，会让人觉得这里似乎是一处人迹罕至的自然净土。淅川文明史之源远流长，古文化遗存之丰厚，会令每一个到访者目瞪口呆，叹为观止。

丹江是淅川的母亲河，古称丹水，发源于秦岭深处，于陕西商南月亮湾入河南淅川县境，从香花镇西南出境进入湖北，在丹江口注入汉江。至于淅川因以得名的古淅水，有人认为就是古丹水，但严格来说，古淅水是丹江的一条支流。所以，丹江也好，淅水也罢，说的基本是同一个水系。

丹江之名，可以远溯到尧舜时期。传说尧共生有10个儿子，丹朱是嫡长子，因出生时全身红彤彤的，所以取名"朱"。《世本》

云:"帝尧娶散宜氏之子,谓之女皇。女皇生丹朱。"丹朱其实本来叫"朱",据说极其聪慧,是史上围棋第一高手。他后来之所以被叫作"丹朱",是因为他曾被封于丹水,也就是现在淅川县的丹江流域。"丹""朱"本就同义,究竟是因为他叫"朱"才把这条河叫作"丹",还是因为这条河本就叫作"丹",现在已无法考证。但有一点是肯定的,即他后来被叫作"丹朱"肯定与被封于丹水有关。

丹朱被封于丹水,究竟是尧所封还是舜所封,说法不一。《尚书》记载:"尧子不肖,舜使居丹渊为诸侯,故号曰丹朱。"《汉书·律历志·世经》云:"让天下于虞,使子朱处于丹渊为诸侯。"这看似相近的记载,却包含着许多隐情。现在的正史多称"丹朱不肖",尽管有很多人劝尧传位于丹朱,但尧经过考查,将帝位禅让给了舜。《竹书纪年》却有这样的记载:"舜囚尧,复偃塞丹朱,便不与父相见。"如果这个记载真实的话,则尧不传位于丹朱而禅让于舜当非尧之本意,而是舜因禁了尧并篡了尧的位,不让尧和丹朱父子相见。舜登上了大位,当然要为尧让位给自己找理由,所以就制造了"丹朱不肖"的舆论。成王败寇,丹朱从此就背上了"不肖"的恶名。至于丹朱被封丹水,或谓尧放丹朱于丹水,丹朱曾于此大败三苗,或谓丹朱于此联结三苗以抗舜。

尧舜时期距今大约4 000年,在考古学上被称为龙山文化时期。淅川发现有30多处新石器时代的遗址。20世纪70年代,考古工作者在下王山岗发掘了面积6 000平方米、文化层厚2到4米的文化遗址,内含仰韶、屈家岭、龙山,以及商、西周等不同时期的文化遗存。地层关系证实了仰韶文化早于屈家岭文化,屈家岭文化早于龙山文化,从而结束了学术界关于屈家岭文化与龙山文化孰早孰晚的争论。可以说,中华民族远古时期的历史发展进程在此被清晰而完整地显示出来了。

楚风起丹阳

提起楚国和楚文化,绝大多数人会自然而然地联想到湖南、湖北。而事实上,楚文化的发祥地在淅川一带,楚国历史上差不多有一半时间建都于此,自楚于西周初开国的300多年时间里,这里一直是其政治、经济、文化中心。据司马迁《史记·楚世家》记载,商末周初,楚人始祖祝融后裔的一支由北方迁徙到丹阳。丹阳在丹、淅交汇之处,因处丹水之阳,故称"丹阳"。国学大师钱穆在《国史大纲》中说:"楚之先亦颛顼后,始起在汉水流域丹、淅水入汉水处,曰丹阳。"

众多历史记载表明,丹阳是楚国最初的都城,其遗址即丹江东岸淅川埠口李园至十二里河之间的"龙城"。该遗址如今已沉睡在丹江口水库的湖底。但在1975年,由于水位下降,被水冲刷的城址露出了水面,考古工作者对其进行了测量,并发掘出了春秋时期的陶罐、陶盆等文物。1977年冬季,在位于仓房乡东北山岭上的下寺,水库水位下降时露出了一座春秋古墓葬,由此开始,考古工作者在"龙城"一带相继发掘了28座春秋楚墓、20多座楚国贵族墓群、5座大型车马坑,出土文物上万件。

淅川已发掘的春秋楚墓中,最著名的当数1978年发掘的楚令尹子庚墓。该墓在汉代已遭盗掘,但还是出土了大型青铜礼器80余件,车马器、兵器、玉器、金箔、骨贝等6 000余件。其中有一套用失蜡法铸造的列鼎,因鼎内有铭"王子午",故被定名"王子午鼎"。青铜鼎向以有铭文者为贵,该鼎内铸铭14行48字,记述的是王子午担任楚国令尹时的政绩。王子午即问鼎中原的"春秋五霸"之一的楚庄王的儿子子庚。

子庚墓出土的另一套价值连城的文物是王孙诰编钟。编钟是先秦时期的宫廷乐器,也是古代帝王权力的象征。王孙诰编钟共26枚甬钟,是目前我国出土的春秋时期数量最多、规模最大、音域最广、音色最好、制作最精的编钟。这套编钟为双音编钟,一个编钟正鼓部和侧鼓部可以同时敲出一个非常和谐的三度音程,其音域可跨越四个半八度。这表明在明代的朱载堉提出"十二平均律"前,其律制在春秋时期已广泛地应用于实践中了。王孙诰编钟中最大的一件通高120.4厘米,重152.8公斤。此外,该墓出土的石排箫是我国首次发现的实物排箫,极具历史价值。

更珍贵的则是该墓出土的云纹铜禁。2002年1月,国家文物局发布了《首批禁止出国(境)展览文物目录》,规定64件(组)文物永久不准出国(境)展览,云纹铜禁即在其列。

禁是西周到战国时的一种承置酒器的案具。因周人认为夏、商两代灭亡的一个重要原因就在于嗜酒无度,所以发布禁酒令

《酒诰》，规定王公诸侯除祭祀外不准非礼饮酒，民众聚饮则要押解京城处死。于是，承置酒器的案具有了一个很特别的名字——禁。酒禁出土极少，据说目前所知存世的铜禁仅有 6 件，而云纹铜禁则是体形最大、装饰最为精美的一件。

子庚生活的时代，正是楚国公子执政的时代，所有军政要职基本都由王室公子占据，这使王权受到严重制约和削弱，故而时人有"国多宠而王弱，国不可为也"之说。作为楚庄王儿子的子庚，先做了其兄楚共王的司马，后做了其侄楚康王的令尹，可谓权倾一时。也正因此，其随葬品不仅数量巨大，而且铸造水准也高得惊人。迄今为止，子庚墓是发现的楚墓中年代最早、等级最高、随葬品最丰富的一座墓葬。

云纹铜禁通高 28.8 厘米，器身长 103 厘米，宽 46 厘米，不但霸气十足，而且制作之精细繁复令人叹为观止。铜禁体上以粗细不一的铜梗如编织中国结般筑出朵朵"云彩"，因而得名。铜梗共有五层，最内一层最粗的铜梗是梁架，每根梁架两侧伸出数条支梗，这些支梗纵横交错，相互卷曲盘绕，却又互不相连，都单独以内层最粗的铜梗梁架作为支撑，如此重叠共达五层。禁身四周攀附着 12 只龙形异兽，禁体之下则有 12 只蹲伏的虎形异兽为足。整个铜禁庄严瑰丽。

在存世的六件铜禁中，云纹铜禁是唯一一件整体用失蜡法铸就的铜禁。在此之前，中国最早使用失蜡法工艺，据《唐会要》记载，是在唐高祖武德年间铸造开元通宝时。学界一般认为中国失蜡法工艺源自印度。而云纹铜禁的出土，将中国失蜡法铸造工艺的历史向前推进了1 100年，铜禁铸造的年代当不晚于子庚去世的公元前552年。由此，学界认为失蜡法铸造工艺并非舶来品，而是中国固有的三大传统铸造技术之一，至少在2 500多年前已相当成熟。

从云纹铜禁制作之精良、工艺之复杂及其技术艺术水平之高超，可以想见当时楚国经济、社会、文化发展之繁荣，可以明白楚庄王问鼎中原实在是一件自然而然的事。然而，也正是从云纹铜禁繁缛的制作工艺中，我们看到了楚国衰亡的征兆。在群雄逐鹿、各国争相厉兵秣马的春秋战国时期，楚国国力强盛，原本最有能力一统中国，但当它不把精力放在兴兵强国而是致力于制作这等礼器、奢侈品的时候，它离亡国也就不远了。

历史有时就是这样巧合，还是这个丹阳，楚国从这里兴盛强大，也从这里开始走向了衰落。

公元前313年前后，各诸侯国中以秦、齐、楚为最强。秦处在西方，一心想像现在的北约一样搞东扩，准备对齐国发起进攻。这个时候，齐国和楚国关系很密切，秦惠文王担心一旦攻齐，南面遭到楚国的夹击，形势可就大不妙了，于是就找张仪商量。张仪是玩嘴皮子使计谋的行家，就自告奋勇亲自到楚国游说。张仪见了楚怀王，告诉他秦国准备献上"商于之地六百里"给楚国，条件只有一个，就是楚国要"闭关绝齐"。张仪还进一步忽悠楚怀王说，楚国这样做的好处可不仅是一箭双雕，简直是一石三鸟：一来，齐、楚关系不错，即使亲如兄弟，谁能保证有一天不会翻脸呢？所以齐国过于强大对楚国终究是个威胁，未见得是什么好事。现在以这种办法削弱齐国的力量，自然是好事一桩了。二来，这样做使秦国欠了楚国一个人情，以后可以此向秦国提要求。三来，"商于之地六百里"，战略位置极其重要，得到它，进可攻退可守，楚国的腹地自然更加安全。

天上掉馅饼了！我想楚怀王听了张仪的话，一定产生了这样的感觉。眼见这等好事，群臣也纷纷赞成。但此时楚国还算有人头脑清醒，这个人叫陈轸。陈轸原本和张仪一起投奔在秦惠文王的门下，和张仪也算是同僚了。但张仪嫉妒陈轸的才干，多次向秦惠文王打陈轸的小报告。后来陈轸到了楚国，他对张仪太了解了，所以压根就不相信张仪说的话，就劝楚怀王说："秦国之所以看重楚国，很重要的一个原因是楚和齐关系密切。在没得到土地前先和齐绝交，楚国就孤立了，秦国也就不会再看重大王。可如果大王先要地，然后再和齐国绝交，秦国肯定不干。而且秦国其实压根就没想把战略位置如此重要的这块地给楚国，等楚国和齐国绝交后再去要地，肯定会被张仪所欺骗。大王受了骗肯定会非常恼火，就会和秦国闹僵。这样一来，楚国就要同时面对秦国和齐国两个敌人了。"但楚怀王这时哪里听得进不同的意见啊，就接二连三地派人去齐国要求断绝关系。

事情不幸被陈轸言中了。张仪一见楚怀王上了当，就赶回秦国，暗地里派人出使齐国。齐国这时已和楚国绝了交，被秦国的使者游说,就暗地里和秦国联合了。楚怀王在和齐国断交之后,就派人到秦国找张仪要他许下的600里土地。张仪就百般推托,先是称病不出,后来又说答应的是6里不是600里,是他们听错了。这时楚国国力强盛,正不可一世,楚怀王哪能受得了这样的气,立即决定兴师伐秦。而这时最冷静的还是这个陈轸,他劝怀王:"事情已经这样了,意气用事去攻打秦国很不理智。大王不如用一座大城邑贿赂秦国,和他们一起攻打齐国。这样我们就能从齐国那里占点儿便宜,自身也不会有多少危险。现在我们已经和齐国绝交了,再向秦国兴师问罪,打起仗来即使不会两面受敌,至少也没个帮手,肯定会遭受重创。"

被气昏头的楚怀王一定觉得像吃了苍蝇,感到非常恶心,非常窝囊,非常憋气,自然还是听不进陈轸的话,铁了心要举兵攻秦。于是在公元前312年,楚国派屈匄率主力,兵出丹阳,在商于前线与秦军展开一场大战,这就是秦楚丹阳之战。这场大战的结果是秦国大胜,屈匄及裨将逢侯丑等70余人被俘,8万余人被斩首。秦国又进一步进攻楚国的汉中,取地600里,设置汉中郡。楚怀王自然咽不下这口恶气,立即调动所有军队进行反攻,在蓝田与秦军大战,结果楚军再次败北。屋漏偏逢连阴雨,韩、魏乘楚受困之机,出兵南下,与楚军对峙数月,然后一举破楚,楚国被迫割去两城,向秦请和。从此以后,楚国一蹶不振,终于在丹阳之战30多年后,被秦军攻占了郢都,顷襄王被迫迁都于陈(今周口市淮阳区),后又迁都到安徽寿春。公元前223年,立国800多年的楚国终于被秦国灭掉了。

发生在淅川的这场秦楚间的丹阳大战,是楚国的一个重大历史转折点。楚国的这场大败,一定深深刺痛了作为楚国先王裔孙的屈原。此时,屈原是楚国的三闾大夫。《离骚》东汉王逸注:"屈原与楚同姓,仕于怀王,为三闾大夫。三闾之职,掌王族三姓,曰昭、屈、景。"看来三闾大夫一职,是管理王族事务的,大约相当于明清两朝宗人府的长官。著名历史学家钱穆认为三闾是邑名,他说:"余考楚有三户,盖即三闾也。"所谓"三户",通常认为故址在今淅川县西北,因为楚国王族三姓就发迹于此。《水经注》上说:"丹水又径丹水县故城西南。县有密阳乡,古商密之地,昔楚申息之师所戍也,春秋之三户矣。杜预曰:县北有三户亭。"《大清一统志》载:"三户城,在淅川县西南,《左传》哀公四年,晋人执戎蛮子以畀楚师于三户,注:今丹水县北有三户亭,后汉桓帝时封河间孝王子博为三户亭侯,即此。"所谓"楚虽三户"大约就是指楚国王族之三姓,而他们又是从丹阳发迹的,因而他们的发迹地就有了"三户"之称。这样,作为三闾大夫的屈原,必然与淅川有着密切的联系。在丹阳大战之后,屈原回到他祖先发迹的地方,凭吊在此阵亡的楚国将士,留下了《国殇》这首千古绝唱。

香 严 上 寺

发现春秋楚墓群的地方在一座北高南低、向南一直插入丹江的土山上。这座土山被当地人称为"龙山",其上有座寺院,当地人称为"下寺"。之所以叫"下寺",是因为在西北方还有一寺与其遥相呼应。这两座寺院,一座在白崖万山环抱中,一座在山麓丹水旁,相望30里,俗称"上寺""下寺"。这上寺、下寺,即香严寺的上下两座禅院。

现在到淅川游览,所去的即香严寺的上寺,在丹江西岸仓房镇的白崖山中。香严寺,又名显通禅寺、香严长寿寺,始建于唐代,为唐肃宗、唐代宗两朝国师慧忠的修炼道场,代宗时奉为国家设置,距今已有1000多年的历史。据记载,香严寺因国师慧忠入墓时异香百里,经月不散而得名。

使香严寺蒙上浓重传奇色彩的是唐宣宗李忱,据说他曾在此削发潜隐7年之久。李忱本名怡,是宪宗第十三子。按中国封建社会立嫡立长的传统,李怡想继承大统坐上皇帝宝座几乎是不可能的事。宪宗死后,李怡的哥哥李恒做了皇帝,即唐穆宗。还不错,李恒一即位,即将弟弟李怡封为光王。穆宗在位仅仅4年,即因中风及服食丹药而突然驾崩。穆宗死后,其长子李湛,也就是李怡的侄子,继承皇位,这就是唐敬宗。敬宗在位仅2年即为宦官所杀,年仅18岁。敬宗死后,杀他之人矫诏让宪宗的另一个儿子即穆宗的弟弟绛王李悟"权勾当军国事",并试图剥夺其他官员的权力。这引起了其他官员的不满,他们便杀了李悟,并拥立穆宗次子、敬宗的弟弟江王李涵为帝,更名李昂,这就是唐文宗。文宗既为宦官拥立,自然事事要受制于宦官。心有不甘的李昂,于大(太)和九年(835年),让李训引诱宦官参观所谓"甘露",企图将其一举消灭,但事情败露,反而导致宦官大肆屠杀朝官,这就是历史上著名的"甘露之变"。事后,文宗更加被宦官钳制,慨叹自己受制于人,境遇不如汉献帝,抑郁成疾,后病死于宫中。文宗去世前已立其兄敬宗的儿子陈王成美为太子,但一干宦官矫诏拥立文宗的五弟颖王瀍(即李炎)为皇太弟,在文宗病逝后即位,这就是唐武宗。这个时期,唐王朝朝政基本被宦官把持,贵为皇子甚至皇帝也常常朝不保夕,时有性命之虞。李怡大约对这样的局面心存畏惧,所以避居到了香严寺。对李怡来说,不仅哥哥做了皇帝,而且三个侄子也轮番做了皇帝。叔叔倒继侄子的皇位,在中国历史上尚无此先例。但历史时不时会有些出人意料的事让人错愕不已。李怡虽然是敬宗、文宗、武宗的叔叔,论年龄却比敬宗和文宗还小1岁。会昌六年(846年)三月,武宗弥留之际,把李怡立为皇太叔,并更名为李忱,成为新的皇位继承人,于是李忱成了唐朝历史上唯一一个以皇太叔身份继位的皇帝。在晚唐的众多帝王中,宣宗是声誉较高的一位。《资治通鉴》载:"宣宗性明察沉断,用法无私,从谏如流,重惜官赏,恭谨节俭,惠爱民物,故大中之政,讫于唐亡,人思咏之,谓之小太宗。"

香严寺坐北朝南,四周群山环绕,古木森森,山门前那株巨大的银杏树需数人才能合抱。寺院周围,茂林修竹,景色宜人。寺院不远处的坐禅谷,瀑密、石奇、潭深、泉涌、崖峭、洞幽,融佛教文化、历史文化、古寨文化和山水景观于一身,诚一方胜景。

寺院现在基本为清代建筑，为五进院，中轴线上由南向北为石牌坊、韦驮殿、大雄宝殿、接客亭、法堂和藏经楼等。西侧有厢房、客房、僧院、蒲扇殿等。在香严寺东北角的竹林中，有两座大理石塔和一座六角形七级石塔，为清代石塔中之精品。

除庞大的明清古建筑群外，香严寺最著名的是它的"三绝一宝"。木雕、石雕和砖雕工艺被佛教界人士誉为"三绝"，"一宝"是壁画。据专家考证，大雄宝殿总面积403平方米的壁画创作于明代，出自宫廷画家之手，它与闻名于世的北京法海寺壁画如出一辙，历经几百年仍色泽鲜艳，具有很高的历史价值，可谓香严寺的"镇寺之宝"。

可惜的是，由于种种原因，今天的香严寺里的很多建筑已经被破坏，壁画也有被水冲刷过的痕迹，寺中宋代的桂花树也是在枯萎后经人为努力救护才发出了新芽……香严寺的下寺已永远地沉入了水底，但愿历史留给我们的上寺能得到珍惜并被加以妥善保护。

范蠡"三迁"

说到淅川，一定不能忘记的一个历史名人就是范蠡。

范蠡公元前536年出生于宛地三户邑，也就是现在的淅川。大约在25岁的时候，他邀文种一起来到了越国。但直到他42岁的时候，勾践兵败于会稽山，他和文种才开始得到重用。公元前

493年,他就和勾践一起入吴为奴。从此,他陪同勾践忍辱负重于前,与文种施兴越灭吴九术于后,终于在公元前473年助勾践灭掉了吴国。所谓"灭吴九术",大家知道最多的就是范蠡让西施使"美人计"了。至公元前468年,越王勾践成功实现了霸业,此时范蠡已68岁。功成名就的范蠡认为大名之下难以久居,于是急流勇退,隐姓埋名,泛舟五湖。

后来,他到了齐国,更名为鸱夷子皮,齐王对范蠡的德才非常赏识,把他请进国都临淄,拜为相。但只干了3年,他再次急流勇退,向齐王归还相印,散尽家财离去。

范蠡辞去相职后,来到陶(今山东省菏泽市定陶区)这个地方定居。在这里,范蠡操自然之术治产,也就是根据时节、气候、民情、风俗等,人弃我取,人取我与,顺其自然,待机而动,结果没出几年,经商集资又成巨富,遂自称"陶朱公",当地民众把他尊为"财神"。范蠡也因此被认为是开创道德经商传统的儒商鼻祖,被尊为"商圣"。

对于范蠡的一生,司马迁说:"范蠡三迁皆有荣名。"世人也称赞范蠡"忠以为国,智以保身,商以致富,成名天下"。

范蠡的成功,固然与其有过人的胆识和智谋有关,但更重要的是,他能看透事物的本质,并扫除一般人难以克服的贪念。范蠡倡"道""气",主"恒""常",重"持盈""定倾""节事"。用现代的观点解释,就是对"运动""矛盾""发展"这些马克思主义哲学的基本原理有深刻认识。他认为世界上一切事物都在变化,时势必有盛衰,顺其自然,待机而动,才能取胜。可以说,他以"十年生聚,十年教训"兴越灭吴,到齐国务农至相,到陶经商致富,端赖于此。不仅如此,对于人生的荣辱浮沉,他同样能以这样的观念来对待。所以,当勾践许诺分给他半个国家以挽留他时,他不为所动,并劝和他一起从南阳到越国辅佐勾践的文种一起离开。"飞鸟尽,良弓藏;狡兔死,走狗烹",但处在大功告成喜悦中的文种,不知道功成身退的道理,最终被迫自尽于勾践所赐的剑下。以半国许之,共坐天下,是很多不得志的帝王笼络人才常用的招数,因为这些帝王知道半国对一个人的诱惑有多大。历史上很多才华横溢的人都曾中了这一招。结果,没有一个帝王会兑现自己的承诺,而中招的这些高人却很少能得善终。所谓"日中则移,月盈则亏",这个辩证法范蠡早早就搞明白了,所以他没有中招。还是出于同样的原因,他及时辞去了齐相,在他看来,"居官致于卿相,治家能致千金;于一布衣,已至极。久受尊名,恐非吉祥之兆"。也正因此,范蠡能活到88岁并得善终,这在古代社会是难得的高寿了。

所以,范蠡的高明之处在于他不只拥有把事情做成功的聪明和胆识,更有洞悉事物本质辩证关系从而知进识退的大智慧。

荆紫关的清代长街

淅川与吴越相距甚远,更有千山阻隔,即使在今天,来往也相当不便。所以采风团在淅川时,有同行的人对范蠡何以从这里跑到越国感到疑惑。其实只要明白古人远行主要是走水路这一点，一切都不难理解了。从丹江乘船，顺流而下，入汉水，下长江，可以很方便地到达吴地。吴越间河网密布，乘船往返应该是一件很方便的事。

丹江发源于商洛山，注入汉水，汇入长江，是历史上可与运河、蜀栈并称的我国南北三大通道之一。自丹江及其支流逆水而上，可达秦川；顺流而下可抵荆襄，达武汉，到吴地；自陆路东出平原，可达中原腹地。所以，淅川历史上是联结东南与西北诸省的重要商业通道，并因此在豫鄂陕三省交界处形成了一个商业重镇——荆紫关。

荆紫关坐落在丹江岸边，背负群山，下临清流，西接秦川，南通鄂渚，地理位置优越且独特，历来是兵家必争之地，也是重要的商业集散地。其便利的水路交通，使得荆襄沪杭巨商大贾直挂云帆，溯江而来。荆紫关的商业从唐代后期开始发展，明清时期是黄金时代，沿江码头船舸弥津，外来日杂百货、秦岭伏牛山间的土特产大多在此地集散，这里渐渐成为周边七省商贾云集之地。近代，荆紫关曾出现三大公司、八大帮会、十大骡马店和二十四大商号的繁荣景象。

荆紫关镇现存的古代建筑有荆紫关古街道、关门、山陕会馆、禹王宫、平浪宫、万寿宫、法海禅寺、清真寺、一脚踏三省碑亭等。

荆紫关古街道呈南北走向，长250米，地面均系青石铺砌，干净整齐，两侧的板门店铺均具清代民间商业建筑风格，翘檐雕饰，古色古香,房门都是由木板嵌成的,昼抽夜闭,房屋多是几层院落,两边厢房对称,均有一堵 2 米长的封火硬山,高低错落,相互重叠,使街道在古朴中多了几分灵秀。

荆紫关古关门在荆紫关镇南街最南端,砖石结构,跨街而立,高 7 米,宽 6 米,进深 1 米,中间是拱门,顶部有砖砌斗拱,门楣上书"荆紫关"三字。据碑文记载,现存的关门建于 1914 年,因门楼装饰图案与其他关门有别,因此又叫"花城门"。

荆紫关既然是一个繁荣的码头,除商人外,还会有大量的船工往来。这些河上的船工,虽说不像海员出海长达数月甚至经年那样,但行船的时候也会有较长的时间远离家人。他们在船上生活,经常见的就是那几张熟脸,难免会寂寞无聊。荆紫关码头极盛的时候,船商们组建船帮会,取"风平浪静"之意,筹建了平浪宫,成为船工娱乐、集会之地。平浪宫位于荆紫关南街东侧,始建于清代。该宫坐东向西,面对丹江,中轴线上现存大门楼、中宫、后宫及配房数间,另有钟楼、鼓楼各 1 座。现有房舍 22 间,均为硬山式建筑,面积 460 平方米。平浪宫建筑上题有"风平浪静""风调雨顺""万古千秋"等吉祥语,反映出人们的一种美好向往。

明清时期,中国最著名的商帮要数晋商和秦商了。关于晋商,大家听说得多,知道得也多,而对秦商却知之不多。其实早在明朝时期,陕西商人就借助政府实行的食盐开中、茶马交易、棉布征实、布马交易等一系列特殊经济政策,到四川、贵州贩盐,到甘肃、青海卖茶,到江苏、浙江收布,并因财力雄厚、势力巨大而被尊为"西秦大贾"或"关陕商人"。进入清代后,晋商凭借与朝廷的特殊关系和票号的雄厚财力异军突起,至今仍常常被人提及。由于我国古代一直轻商,商人在整个社会的影响一直有限,也缺乏官方有效的组织。如此一来,力量微薄的个体经商者,为避免受到地方势力侵扰,身处异地的经商同乡就会结合起来,建立会馆。而山西、陕西商人不仅在全国商界影响巨大,还往往结合在一起,共同建造会馆,于是今天我们在全国很多城镇仍然可以见到保存完好的山陕会馆。会馆的建立为大家议事言商提供了极大的方便,同时在团结秦晋地域的商人、互通商情、维护同乡和同业商人利益、调解商业纠纷方面都起到了积极的作用。荆紫关作为明清时期的商业重镇,自然少不了秦晋商人的身影,也自然会有山陕会馆。在如今古建筑保存尚好的荆紫关镇,山陕会馆是最大的建筑群,位于荆紫关古街东侧,创建于清道光年间,面积4 000平方米,坐东向西,面临丹江,现存建筑6座,房屋29间,皆在中轴线上,依次有大门楼、戏楼、过道楼、钟楼、春秋阁(中殿)、后殿、卷棚等。会馆大门楼、戏楼、春秋楼等建筑内有大量木雕,包括组画"唐僧取经""麒麟望北斗""丹凤朝阳""习武图""参拜图""雄鹰展翅""哪吒闹海""仙鹤送书"等,雕刻十分精美。荆紫关的繁荣并不是由秦晋商人独自开创和独享的,所以在这里同样也有其他省份商帮的会馆。

万寿宫又名江西馆,是江西商人集资修建的,面对丹江,坐落在街道东侧,为清代建筑,现存宫室12间,占地900平方米,分前宫、后宫和耳房，均系硬山式建筑。

大禹作为治水英雄，在全国各地都有其纪念建筑，临江河的城镇更是如此，荆紫关自然也不例外。荆紫关禹王宫位于古街道东侧，坐东向西，面江而建，现存建筑分前宫、中宫、后宫三大部分，规模庞大，具有典型的清代建筑艺术风格。

作为明清时繁华的商埠，荆紫关在文化方面也显示了它的多样性。除了各地的会馆、各种中国传统的纪念建筑，佛教、伊斯兰教也都在这里建有寺院。清真寺位于街西侧，坐西面东，始建于明代，系硬山式建筑，房顶盖灰板瓦，拱券门，现状基本保持原貌。

法海禅寺位于荆紫关镇东北部猴山西南麓，因寺院所处地势形似莲花，故又名莲花寺。据寺碑记载，该寺由西峰禅师创建于唐仪凤二年(677年)，明朝中期由太虚禅师重修，明末清初两次遭毁，清顺治十六年(1659年)和康熙五年(1666年)又进行修葺。大雄宝殿及东西禅堂也于乾隆年间和嘉庆年间进行修复。白衣阁东楼在咸丰九年(1859年)、同治三年(1864年)两次遭破坏，又两次进行整修。法海禅寺面积6 700平方米，坐北面南，现存建筑分布在中轴线上，依次有山门、大雄宝殿和后殿等，现存建筑24间，整个建筑错落有致，均为硬山式砖木结构，典雅古朴。法海禅寺背靠山崖，两侧各有一股泉水在寺前汇集，呈两水环抱状。旁边竹园深处的八菱泉喷珠吐玉，水出竹园又成瀑布，可称奇观。寺前石崖上遍布水锈石，姿态万千，无奇不有。水锈石上又形成了大大小小的溶洞，昔日洞里有大小佛像数百尊，称为"千佛洞"

"万佛洞"。这些自然景观与寺内古代建筑相映成趣,令游人流连忘返。

在离荆紫关镇中心不足2000米的丹江对岸,有一条街道不足百米长,却有豫、鄂、陕三省人居住,号称"三省一条街",这就是白浪街。白浪街上三省属地建筑交错,人们进入这个街道购物,可走遍三省店铺。此地原有块三省界碑,是一块顶角朝天的三棱石,上面分刻河南、湖北、陕西三省的省名,三省以此石为界,西归陕西管,东北归河南管,东南归湖北管,故此石就被称为"三省石",此地被誉为"一脚踏三省"之地。1987年三省乡镇集资在此建立了一座小巧玲珑的三棱大理石碑,通高5米,三足碑座,中空,碑顶部似塔,3根贺珠状柱子支撑角檐及塔顶,塔顶中心有葫芦状装饰,碑身为锥状三面体。有种说法,"朝秦暮楚"这个成语就出自这里,意思是早上在陕西地界,晚上却到了湖北地界,或者是这里早上还归秦国管辖,晚上却被楚国拿下了。无论如何,它其实只是表明此地三省交界的特殊地理位置罢了。

辛酸大移民

淅川之所以叫淅川,是因为古淅水在亿万年沧海桑田的地质运动中在河道两侧冲积出了百里平川。淅川其实包括三大平川,即顺阳川、丹阳川、板桥川,这是处于大山包围的这片大地上"一脚踏出油"的富庶之地,淅川的耕地良田基本都集中在这里。在传统的农业社会,它对一个地方的重要性可想而知,因而历史上,淅川的政治、经济、文化中心一直设在丹淅平原上。

然而,随着丹江口水库的蓄水,丹淅平原54.84万亩土地静静地躺在了湖底,其中耕地面积28.5万亩。随其一起沉入湖底的还有淅川建于明成化年间的古县城等4个古城镇,以及7个镇(区)2396个村庄。在这片被淹没的土地上,先人留下了宝贵的文物古迹,这些人类历史文明的实证,如今都永久地躺在了碧波万顷的水面下,也许永远都不会再被任何人看到。如果不是1977年底因种种原因造成的水位下降,也许我们根本就不可能发现库区数千座古墓,也永远不可能见到摄人心魄的云纹铜禁、巧夺天工的大型编钟、工艺精湛的青铜大鼎等。楚始都丹阳,在被淹没的时候曾向世界投下了无限哀婉的最后一瞥,有幸被我们看到。但也许会有许许多多令世界震惊的文物将永远躺在无边的黑暗中,再也无缘得见天日。

从根本上说,丹江口水库淹没的不只是一些房产田舍,更是这里的人民千百年生生不息、绵延生存的家园。但库区水位的不断升高将把他们从这片祖祖辈辈生活的土地上无情地连根拔起。故土难离啊,从1958年丹江口水库大坝修建到1978年的20年里,共有20多万淅川人被迫背井离乡。淅川也因此成为全国水利移民第一大县。

而这20年的搬迁历程又是怎样一段艰难辛酸、曲折坎坷、步步血泪的苦难历程啊!至今提起这段历史,仍不由人不唏嘘长叹乃至潸然泪下。

丹江口水库兴建正好处于"大跃进""文革"这段时期,在国家、集体面前,个人的尊严、价值和利益遭到了空前的漠视。丹江口水库一期工程,淅川县的直接经济损失高达7.4亿元。库区人民就是在这样的情况下离别他们的家园的。

丹江口水库一期工程需要移民38万人,其中淅川需要移民20.5万人。

1958年8月,北戴河会议决定动员中原人口密集地区青年到西北支边。这给正为移民问题愁肠百结的南阳地区领导拨云见日般透出了一丝亮光:让移民到西北支边,岂不是一举两得的事?于是淅川移民中的8 008名青年,于1959年被送到了青海省的三个高原贫困县。

这些青年,舍弃了自己的家园去到西北,从风景秀丽的丹淅平原来到了风雪迷茫的青藏高原,全被安置在了海拔3 000多米的荒芜之地,住在土坯木板房里,过起了兵营式的屯垦生活。那里高寒缺氧,少雨多风,沟壑纵横,自然条件极为恶劣。直到现在,那里仍然是人烟稀少的荒凉之地,一个县的人口不足10万,何况50年前!后来,为了让他们扎根高原,政府做工作把他们的家属计4 709户14 334人一并迁来。这样,从淅川迁到青海支边的移民共计22 342人。

在这种严酷的生存环境中,由于气候恶劣、水土不服,多数人纷纷患病,很多移民就这样惨死。据统计,武洲村移民197人,64

人命丧青海;党子口村移民76人,36人魂断高原……经历过青海悲惨遭遇的移民无论如何只想回到生养他们的丹江边,尽管家已经不在了,但那里仍是他们心中神圣的故乡。经请示中央,这批支边移民又撤回到了原籍。

然而他们的苦难并未到此结束。这些带着农具去青海,带着伤病回淅川的移民,赤手空拳返回时很多变卖掉了自己的衣服、被褥,而且基本都是体弱多病的,根本无法从事生产劳动。回到淅川后,他们没了自己的家,也没一件农具,甚至连生活炊具都没有。在很多地方,这些返回的移民连吃饭的锅碗都得向邻居借,常常到半夜还吃不上饭。同时,缺衣少裤也是个普遍现象,一些人把仅有的被褥改成了衣裤,有的更改无可改。一个叫沙连英的18岁大姑娘,没衣没裤,仅用一块破布遮住下体;刘九花姐妹因破烂的衣裤连羞处都遮不住,无法出门。而这样的例子还有很多。

1961年,丹江口大坝开始围堰壅水,库区124米高程以下的居民需全部迁走,淅川需要动迁26 725人,其中包括那些刚从青海返迁的移民。这次移民的具体方案是:除三官殿地区4 310人统一迁往邓县(今邓州市)安置外,其余移民允许在本省、本县、本地范围内投亲靠友,自由选择搬迁地点,每人平均搬迁费是170元。

就在很多移民还没找到安置地点的时候,丹江水汹涌而来,上涨成库。于是,庄稼地成为汪洋,居住的小屋漫进了库水,并慢慢被淹没。无可奈何中,他们只好在江水的步步紧逼下步步后退,不断把他们的茅草屋往后移。

1962年3月,靠大干快上、土法上马修建的大坝被迫停工,移民们以为丹江口水库不再修建了,便纷纷在水边搭个草棚住了下来。虽然此后水库水位不断上涨迫使他们多次迁移,但他们心里感到踏实。尽管他们的土地被淹,在水边烂泥里种的庄稼常常颗粒无收,不得不时时拉棍要饭,可"金窝银窝,不如自己的狗窝",毕竟他们回到了故土。但两年后,丹江口大坝再次动工,他们又一次面临搬迁的问题。

1964年底,丹江口水利工程恢复施工,水库大坝开始节节攀高,更大一轮移民潮开始了。这次移民,淅川共迁73 844人,其中除4 977人在淅川投亲靠友进行安置外,其余68 867人分三批迁往湖北省荆门县(今荆门市)、钟祥县(今钟祥市),迁往湖北的移民中有4.9万人被整体安置在钟祥县大柴湖镇。

提到南水北调工程,大家都以为是近几年的事,其实不然。早在20世纪50年代初,中国北方虽不像现在这样缺水到了焦渴的地步,但面对日益干旱的局面,忧心忡忡的领导人就盯上了丹江、汉江。因为从这里调水救济北方,是一个最为可行的选择。同时,汉江由于流程短、水量丰、落差大、河床窄,致使下游江汉平原水患不断。在1822到1949年的127年间,有65年汉江堤溃决,故有"三年两溃,十年九淹"之说。1935年使大柴湖变为沼泽的那场大水,共使汉江两岸10多个县市成为汪洋,淹没耕地670

万亩,370多万人流离失所,8万多人命丧水中。正是为了减少下游的水灾,同时调水支援北方并兼顾发电,政府决定在丹江、汉江交汇处修建丹江口水库大坝。

近年来,南水北调中线工程正式开始建设,丹江口水库大坝将被加高到176.6米,正常蓄水位由157米提高到175米,这导致淅川153.1平方公里的土地被淹,涉及人口119 189人,农业生产用地13.05万亩,工矿企业22个,村组副业设施312个,等等。很多经过多次搬迁的淅川人为了国家利益也再次踏上了移民之路。

直到今天,淅川人民仍然继续为此做着牺牲,但他们无怨无悔。

枷锁下的舞蹈

2008年5月下旬,河南作家采风团一行来到淅川。这期间时任淅川县委书记崔军除有两次赶去参加重要会议外,一直全程陪同。采风过程中,我们多次听到崔军对淅川领导班子执政理念的阐述:"丰碑刻在青山上,政绩融于绿水中。"

对于淅川等南阳西部的四县市来说,做好生态保护工作,保证一库清水送到北京,是他们一切工作的出发点,也是重中之重。在过去的岁月里,淅川人民已经为丹江口水库的建设做出了巨大牺牲,南水北调中线工程上马后,淅川库区的工农业生产将全部停下来,各项直接损失在40亿元以上。为保证水质,淅川原有的很多企业需要改造甚至关停;一些不符合生态环境保护要求的项目包括高达数十亿的投资项目都被拒之门外;丹江口水库因南水北调中线工程建设年减少发电量10亿度,淅川县每年要增长近亿元的支出;为避免库水中氨氮和有毒物质超标,化肥和农药使用被严格限制,农业生产受到极大影响,甚至有库区农民称他们现在连蚊子都不敢用灭蚊药杀灭,只用手拍。

水源地人民的这些努力,换来了丹江口水库的水质纯净、清澈甘甜。在如今的丹江口水库,水质除总氮指标为国家地表水Ⅱ类标准外,其他指标全部达到国家地表水Ⅰ类标准,随手捧水就可直接饮用。其实,那种喝起来"有点甜"的农夫山泉瓶装水,很大一部分就是从丹江口水库直接取水灌装的。

应该说,保护生态、保障丹江口水质与发展经济之间是存在着矛盾冲突的。淅川县领导所能做的,就是带着这副枷锁舞蹈,而且要跳出花样,舞出水平。淅川县领导在全县营造了良好的环境保护氛围,在抓水污染治理和水土保持的同时,大力发展生态农业、生态旅游等生态经济,把生态环境保护与经济、社会发展紧密结合起来,推进产业结构调整,实现生态效益与经济效益的协调发展,走上了环保型、资源型的工业化道路。

现在的淅川,天蓝、山青、水绿,随着产业结构的调整,经济发展显示出巨大的后劲,人民的生活得到了极大改善。淅川人民今天所走的正是科学发展的道路,对全国经济社会发展无疑具有极大的启示意义。我想,其他地方如果都能像淅川人民保护水源一样保护当地的生态环境,不走先污染后治理的老路,而走环境又好、资源又节约的新型工业化道路,人民的生活一定会更加幸福、美好!

淮源名刹

提起水帘洞,大家马上会想到《西游记》中描写的花果山,想到齐天大圣孙悟空称王的那个神仙洞府。其实现实中也确实有个水帘洞,位于淮河之源的桐柏山腹地,在县城西南约6000米的山间峡谷中。水帘洞距地高约20米,洞内有泥塑猕猴一尊,猴身上有泉水流出,在石钵中叮当有声。洞口被山顶倾泻而下的瀑布遮盖,犹如珠帘垂挂,与吴承恩小说中的描写相仿,这或许就是《西游记》水帘洞的原型吧。沿着石壁有阶梯和铁链供人攀缘而上,进入洞中。即使在盛夏酷暑时节,这里仍凉爽异常,自古是炎夏避暑的好去处。

水帘洞前有一座寺院,依翠峰,临壁流,崇山环绕,洞锁烟霞,殿宇巍峨,圣像庄严,寺以洞名,叫水帘寺。

水帘寺占地面积7300平方米,据历代碑刻记载,此处原为道教"七十二福地"中列于第41位的桐柏山道教圣地的组成部分,建于宋元祐三年(1088年)以前。明嘉靖二十七年(1548年),清乾隆、嘉庆年间,都进行过修缮。

那么,道教圣地何以会成为今天的佛门名刹呢?据记载,乾隆四十九年(1784年)四川西昌紫微山宗林寺长老、法传临济四十一世端德和尚,朝五台山,归途中路过桐柏山,见此地峰峦秀丽,白云磅礴,遂策杖至道教圣地桃花洞,宣扬佛法,在风雪中于洞外整夜端坐,4名道长自愧弗如,遂弃道事佛,分别被赐名为圆明慧照、圆真慧净、圆智慧通、圆法慧空。端德和尚由自己名号起始,嗣演名、号派各32字。名派:端圆常寂,了极融通,直传海印,妙演心空,性观普照,道显祖风,真智本觉,达法明宗。号派:华慧海云,德法普浩,真如性体,清净妙道,心含宝月,朗然洁皎,灵山一脉,古今光耀。不久,端德带圆智、圆法回四川,留圆明、圆真在桐柏山传灯弘法。圆明在太白顶建云台禅寺,圆真于桃花洞立普化寺。自此,端德派系在桐柏山迅速发展,并渐成独据之势,发展为以太白顶为主体的临济宗白云系,奉端德为开山祖师。

水帘寺后来屡遭损毁,中华人民共和国成立后佛事活动渐停。1983年,国家宗教政策得到全面落实,政府批准开放水帘寺为佛教活动场所,将这一禅寺重加修建,先后建成大雄宝殿、玉佛楼、毗卢殿、天王殿、山门、僧房楼、功德堂、观音禅林、罗汉堂、竹林精舍、华藏图书馆、佛教宾馆、素餐馆和其他各类房舍共180间,建塔园1处,石拱桥5座,石栏杆300多米,石踏步900多阶。水帘寺供奉有各类佛像128尊,特别是其中的大型精雕缅甸白玉佛像,堪称国宝。寺内现藏有大型木刻《金刚经》12面,历代僧人传承保存的《频伽精舍校刊大藏经》1部,《乾隆大藏经》1部,《洪武大藏经》1部,日本版《大正新修大藏经》2部,经书2万余册。

如今,水帘寺重新成为中国临济禅宗的重要道场,也是豫南、鄂北佛教活动的中心。

老乔和西峡

2017年，乔典运老师离开我们整整20年了。

2017年初，乔典运老师家乡西峡县的有关领导多次到郑州来，想在乔典运老师逝世20周年的时候，举办西峡文化大县高峰论坛暨乔典运作品研讨会，由河南省作协、河南省文学院主办。

乔典运老师是短篇小说写作的圣手，是河南新时期文学的一张名片，是河南文学的骄傲，给中原作家群带来了极大的荣誉。

成名之后，乔典运老师并没有选择到大城市生活，而是一直生活在西峡，始终和农民打成一片。正因如此，他才能在作品中深刻地反映基层的政治和经济状况，揭示农民的心态和生存状况，使作品具有浓厚的乡村政治寓言、文化寓言的意味。乔典运的创作继承了鲁迅开创的伟大文学传统，对国民灵魂做了深入的剖析。他以短篇小说名世，他的作品写的都是发生在当下农村的平凡事件，读来却能给人带来深刻的启示，让读者由此认识中国农村的社会现实，透视中国农民的生活伦理和内在心理，从而更好地认识自己，认识民族的内在性格。可以说，乔典运是中国新时期作家中对农村理解最为透彻的一位，是名副其实的农民哲学家。乔典运长期植根农村生活，创作出了一篇篇不朽的名作，是"深入生活、扎根人民"的典范和表率。

乔典运的作品并不多，但他对河南文学、中国文学的贡献是巨大的。也正因此，河南文学界至今都还记得乔典运，记得大家都亲切地称为"老乔"的这个令人尊敬的作家，而且不时会谈到他。

我与老乔最后一次见面是在他生病之后。那时，他因患癌症已经接受了多次治疗，但在身体允许时他还会参加一些文学活动。那次我回南阳参加兰建堂曲艺作品研讨会，正好和他坐在一起，会议中间，我看到他拿着一本《金刚经》在读。恰好，我上大学时上过佛典选读这门课，读的第一部佛经就是这本书，我对佛教的理解也始于此。于是，我给他背了一大段《金刚经》。他听了微笑着点头表示赞许。遗憾的是，这是我最后一次与他见面。河南省文学院大厅的北墙为12位现当代已故的河南文学大家塑了青铜浮雕，其中就有老乔和之后的李準。

再往后，就到了2016年，《乔典运文集》将要出版的时候，冯杰找到我，让我为文集的出版写几句话，我拟了几句算是对老乔的怀念："事小可显民族精神，故成其大；文短能透国人灵魂，遂见之深。"

大家对老乔的怀念，固然缘于其突出的创作成就，还有很大一部分原因，在于其对年轻作家不遗余力的培养。这么多年来，南阳作家群在全国文坛能成为一个引人注目的存在，乔典运老师是立了大功的。现在，西峡县想纪念乔典运，想以此推动西峡文化大县的建设，我当然非常支持，并愿意为此尽一分心力。

于是我约请一批文学名家来到了西峡。

西峡地处秦头楚尾，豫鄂陕三省交会处，属伏牛山区，自然风光优美，地域文化独特，历史文化底蕴深厚。这些年来，西峡的经济发展取得了巨大成就，在南阳，甚至在河南都是响当当的经济强县。更为难得的是，西峡的经济发展没有走以牺牲资源和环境为代价的粗放型发展道路，在经济快速发展的同时，生态环境不仅没有遭到破坏，反而日益变好。作为南水北调中线工程水源地，西峡县的发展为包括首都北京在内的中国北方几省市的用水安全做出了贡献，而且在某种程度上，也为中国的经济转型、为生态友好型经济发展做了十分有意义的探索，积累了宝贵的经验。

西峡是一个山区县，山是伏牛山。"伏牛"听起来透着厚朴与谦逊，其实是"卧龙"的。西峡位于秦岭山脉东段、伏牛山南麓，正好在中国南北地理分界线上。而在中国地理的三大阶梯中，西峡又处在第二阶梯到第三阶梯的分界线上。独特的地理位置造就了西峡自然景观的多样性和生物的多样性，远古时代这里就是恐龙繁衍生息的乐园，并形成了大量的恐龙蛋化石，成就了今天丹水镇的恐龙遗迹园。自然景观以老界岭自然保护区为代表，老界岭是兼具南秀北雄等自然景观的代表性景区，风光优美，植被茂密，是旅游观光和休闲度假的好去处。

独特的地理位置造就的不只是自然的、生物的多样性，还有文化的多样性。这里南与湖北相接，西与陕西相连，是中原文化与楚文化、秦文化的交会之地。文化的交流、交融，保障了这里文化旺盛的生命活力,使这里一代代名人辈出。远的不说,只说近的,只说文学,在老乔的带领下,西峡相继涌现出廖华歌、王俊义等在全省、全国都有相当影响的作家,成为南阳作家群的中坚力量。这是西峡在自然资源之外另一宝贵的资源。

这些年来,西峡在经济、政治、社会、生态建设等方面取得巨大成绩的同时,在文化建设方面进一步发力,很多做法特别令人敬佩。文化建设的核心要义,在于维护社会共同信守的正确价值观,使其成为全社会共同的行为依据和精神方向。今天中国社会出现的很多问题从根本上说就在于信仰的缺失和价值观的失范。构建社会主义核心价值观正是要从根本上解决这些问题。如何构建、践行社会主义核心价值观?西峡县开展了"传家风家训、树公德美德、争先锋先进、做好人好事"的"传树争做"活动,这是把践行社会主义核心价值观落到了具体的日常活动中。找出落实活动的抓手,是极有远见的做法。

进行文化建设,需要对文化资源进行充分的挖掘和运用。文学就是西峡一份宝贵的文化资源,老乔就是西峡一张闪光的文化名片。建设乔典运文学馆、设立乔典运文学奖,以此为抓手、为平台,西峡的文学事业一定会繁荣兴旺,西峡一定会成为河南一个重要的文学活动中心,进而促进西峡文化的大发展、大繁荣。如此,西峡的文化大县建设一定会成效卓著,老乔的在天之灵一定会非常欣慰。

无核的苹果

　　临近年终,大树空间和《大河报》合作,约一批作家写些有关故乡记忆和童年难忘吃食的文章,我一来杂事繁多,二来也确实想不起有什么让我至今念念不忘的美食,所以就一直没能动笔。

　　我的家乡新野是南阳盆地的一个小县,最有名的吃食大约要算新野板面了。新野板面也叫新野臊子面,面是由反复揉搓发酵后的面坯在案板上摔拉而成。板面的制作过程与郑州烩面相似,但烩面纯靠手拉,板面却多了在案板上摔拉的程序,口感要更筋道些。臊子则主要用肥瘦适中的羊肉或牛肉加辣椒等调味料炒制,制作的要点是炒干肉中的水分,冷却凝固后使油脂完全将肉丁包裹起来,这样在干燥的环境中存放,经年不坏。吃时将臊子兑水加热,浇在煮好的面上即可。新野的物产传说,大抵都与三国有关,板面也是如此,据说是张飞所制,具体是与不是则无可考究。

　　其实新野板面在我的童年记忆中并没有留下多少痕迹。那时,私营的饭店不让开,掌握制作臊子秘方的师傅到了新野县服务楼工作,而小孩子基本没有到那里吃饭的机会。因此,我关于新野板面、新野臊子的印象都是在成年之后形成的。

　　现在细细回想,童年记忆中的美好的吃食,其实都与亲人紧紧连在一起。比如外婆从床头摸出的"兰花根",这种油炸的棒状面食,想起来就感觉非常香甜,其中充满了外婆对我的疼爱。而我最难忘记的则是童年过春节时母亲拿出的苹果。

新野处在从亚热带到暖温带的过渡区域,这里基本是柑橘种植的最北端,也是苹果在平原地区种植的最南端。受气候影响,新野一带苹果虽能生长,品质却难如人意,所以现在已经很少有人种植。但我小的时候,商品经济不发达,水果主要不是用来向外地销售的,而在本地消化,所以在新野还有些人种植苹果。

"唐河弯,白河滩",这是我老家一带的谚语,意思是唐河的弯多,白河的滩大。我外婆家就在和新野县城一河之隔的白河岸边,我童年和少年的很多时光都是在这里度过的。

那时的白河,河水清澈见底,站在水边静静观察,会看到水下的沙子里有一种圆圆的小鱼钻出,表弟说这是"沙轱辘"。在干燥而平整的沙滩上,会看到一种比蜘蛛还小的动物快速从沙面掠过,受惊时迅速钻进沙里,在沙面留下一个漏斗形的痕迹。双手从两边挖下去,将一大捧沙子捧起,让沙子从指缝间慢慢漏掉,就会捉到这种小动物,表弟说这是"沙兔"。后来我求助"度娘"(百度),找到的却是各种各样的兔子,至今不知道这个"沙兔"到底是什么动物。

外婆家有一处苹果园,四周扎着篱笆。我的暑假大多是在外婆家过的,常常和表弟及他的伙伴们在白河里游泳,或者在沙滩上探寻,听他们讲大沙洲的故事,讲在沙滩上扒鳖蛋的趣事。有时,表弟会忽然消失,一会儿拿出几个苹果来,说这个是"国光",味道好,那个是"微津疙瘩",不好吃。我总是为表弟丰富的知识而震惊。时至今日,"国光"我是知道的,"微津疙瘩"到底是什么苹果,却不得而知。我问了"度娘",只有个叫"津轻"的品种沾点儿边。

我老家的门前有几棵梅子树,大多要等果实黄了才好吃,但也有一棵的果实熟透了还是青的,据说叫"竹叶青"。梨树也有几棵,"落花甜"不等成熟就可以吃,花一落果实就甜了,这大约是它得名的由来;"大青梨"则不行,未成熟的果实吃起来又酸又涩。

那时,苹果在新野算是稀罕物,一年难得吃上几次。表弟从果园摘来的苹果,大多并未成熟,啃起来硬,嚼起来酸,但那时我们都吃得津津有味。

一到冬天,基本就很难吃到水果,别说没钱,即使有钱也没处去买。因此,在大雪弥漫的冬夜,一家人坐在一起,能吃上些水果,绝对是一件非常幸福的事。而我在每年春节的时候总可以体验到这样的幸福。

除夕的晚上,母亲变戏法似的不知从哪里拿出一个苹果来,又大又红,用刀子切成薄薄几片,我们兄弟几个每人分到一片,拿在手里,小心地用舌头舔一舔,面面的果肉就会沾到舌头上一些,感觉非常香甜。再大胆一些,整片苹果含在嘴里,用牙咬是舍不得的,嘴唇微闭,苹果就会迅速化掉。担心一下子化完,我们会赶快把苹果拿出来,再轻轻地啜,慢慢地让苹果在口中溶化。

母亲拿出的苹果,切开来是看不到果核的,只是中间有几粒苹果籽。多年来,我一直固执地认为,只有吃起来很面,果核小到几近于无的苹果才是好的,所谓脆苹果不过是表弟从果园摘来的酸疙瘩。成年后离开家乡,吃到了烟台的苹果、灵宝的苹果、美国的蛇果,发现多汁的脆苹果也很好吃,只是怎么也吃不出母亲保存的面苹果的味道来。

母亲是一个非常勤俭的人,父亲被错划为"右派",我们弟兄四人,全家都靠她一个人的工资养活。而她,还要从自己有限的工资中,拿出一部分照顾舅舅、叔叔几家人。直到成年后,我才理解了母亲那时的艰辛。在那样的情况下,她把一个苹果保存大半年,只为在春节时让我们能吃上几口水果,体验到过节的幸福。母亲的一生是辛劳、勤俭的一生,她对自己近于苛刻,却把能给予我们的完全无私地奉献了出来。

两年前,病危的母亲想早点儿回到新野。腊月十八,母亲到了弥留之际,我们决定送她回新野。得知我们真的同意送她回去,母亲露出期待的眼神。表弟也专门赶过来,和我们一起陪母亲回家。在车上,我一路搂着母亲,她几次问到了哪里。车到南阳,她又问,我告诉她已到南阳,很快就到新野了。她听后静静地睡着了。车到新野,下了收费站不久,母亲在我的怀中安详地走了。

自从长大成人离开家乡,每次看到苹果我就会想起母亲。现在家中的苹果,多放些时间不是坏掉就是失水后蔫掉,这让我常常想起母亲保存的苹果,外表新鲜,果肉面甜,而果核近无。这无核的苹果,除了在母亲这里,在别处我从未见过。

现在,母亲离去已经两年了,不知她在天国是否一切安好,不知她能否再保存一只这样的苹果,让我重温童年的幸福,哪怕是在梦里。

灵 山 寺

灵山寺是一个极普通的名字，普天之下叫灵山寺的寺院多得难以胜数，但如河南罗山灵山寺这般拥有庙门东开、僧尼同寺、蓄发修行"三奇"者，可以说绝无仅有。

灵山，位于罗山县城西南44公里处，与避暑胜地鸡公山遥遥相望。灵山旧名为霸山，因其"每有云气覆顶必雨，验之信然"，故改称灵山。灵山佛教历史源远流长，旧有"七寺三庵"，其中灵山寺始建于汉始元七年（公元前80年），原为霸山庙，北魏孝文帝延兴四年（474年）改名灵山寺。

"灵山三奇"中的"庙门东开"和"僧尼同寺"，传说都与唐玄宗的某位公主在此出家有关。唐玄宗时，太后身患怪病，久治不愈，公主听说灵山寺舍身崖下生长的"七叶一枝花"能治好祖母的病，但需家人亲到寺院降香方能灵验。公主遂求得皇上同意，到灵山寺礼佛许愿，并带回"七叶一枝花"，太后服用后果然病愈。公主于是决定还愿，到灵山寺出家。玄宗经不住她一再坚持，答应她带宫女数人到灵山寺带发修行，并封灵山寺为"国庙"。当时灵山寺同其他寺庙一样，坐北朝南，公主入寺为尼时，地狭庙窄，需要进行扩建，但限于地势，只能依山就势，将寺门朝东开了。此后，"僧尼同寺""庙门东开"就一直延续下来，成为灵山寺的两大奇观。现灵山寺后院南墙边有一棵千年银杏树,传为公主到灵山寺降香时所种。

灵山寺的另一奇是"蓄发修行"。据说,北宋时"鹅头禅师"终日静坐修行,头发长久不剃,以后代代相传,都不剃头,许多佛门人称他们为"恨头僧",并成灵山寺一奇。近年来,该寺提倡削发,除个别僧尼外都已剃发。

明开国皇帝朱元璋更是与灵山寺有不解之缘。据说朱元璋少时家贫,到皇觉寺出家,不久寺里断粮,被迫到河南淮西(今信阳)一带云游乞讨,成为一名游方僧。元至正八年(1348年)夏,天气异常炎热,朱元璋在离灵山寺不远的狮象口晕倒。灵山寺小和尚陈大用下山买米,将其救回寺院,并教给他文化知识。后朱元璋加入郭子兴的反元义军,很快得到提升。元至正十一年(1351年)秋,朱元璋战败逃到灵山寺,陈大用让朱元璋口含竹管跳进院内深井,躲过了元兵搜捕。这口井现在灵山寺第四层大殿院内,被称为"圣井",前来烧香拜佛的人都会用圣井水洗手,喝上一口,以去病消灾。1368年朱元璋终于推翻元朝统治,登上皇帝宝座,他不忘灵山寺僧众的培育与救命之恩,于洪武三年(1370年)三月初一亲临灵山寺降香,敕封灵山为"皇山"、灵山寺为"国庙",赐灵山寺"半副銮驾",御笔题下"圣寿禅寺"四个大字,并封住持陈大用为"金碧峰禅师",随驾入京,参议朝政。此后,每年三月初一灵山寺都会起庙会,前来敬香者络绎不绝。

清代名僧杲英再次让灵山寺声名远播。杲英原本是一介书生，有美妻娇子，进京赶考时路过灵山，饮灵山云雾茶而心智顿开，遂到灵山寺出家。清康熙五十一年（1712年），已成为灵山寺住持的杲英赴印度研究佛学，竟在佛教诞生的国度开宗立派，成为一代宗师。杲英回国时带回了梵石释迦牟尼及十八罗汉塑像，并对灵山寺再度重修，灵山寺成为众多佛教徒心中的圣地。杲英带回的塑像早已被毁，现灵山寺大佛殿所放置的塑像是后人仿塑的。灵山寺西厢院有一株上粗下细的"倒栽柏"，传说为杲英所栽，至今仍枝茂叶碧，生机无限。

灵山寺此后屡经风雨，许多建筑被毁，现有大殿七层，分别为天王殿、祖师殿、大雄宝殿、法堂、念佛堂、祭仙宫、五星殿。

灵山寺代有高僧，1996年方丈释无烦法师圆寂后，火化得七彩舍利子数百粒，为中国近百年来的第二例。

灵山多枫树，不论春夏还是秋冬，枫林中终日有细微的雨珠，故被称为"晴雨林"。灵山还是鸟的国度，有各种珍稀鸟类208种。所谓"安禅僧定性，啼树鸟音闲"，诚灵山寺之谓也！

阳 台 宫

　　王屋山是道教名山,传说"八仙"之一的张果老曾在此修行得道。唐初,皇室奉老子为祖先,对道教尊崇有加,王屋山也风光无限。武德八年(625年),唐高祖下诏定三教次序:以道教为先,儒教次之,佛教最后;贞观十一年(637年),唐太宗下诏贬佛崇道;乾封元年(666年),唐高宗下诏追封老君为"太上玄元皇帝";仪凤三年(678年),高宗又下诏令道士隶属管理皇家宗族事务的宗正寺,班位在诸王之次,道教成为国家宗教,地位无比尊崇。唐玄宗即位,崇道至于巅峰,对老子一再加封,封号也越来越长,天宝十二年(753年),老子被加封为"大圣祖高上大道金阙玄元天皇大帝"。皇上崇道,道士的社会地位也大为提高,不仅杨贵妃曾被度为"太真宫女道士",玄宗的两个妹妹也入道。当时最负盛名的道士是司马承祯,他曾入宫度玄宗为"道教皇帝"。开元十二年(724年),玄宗命其在王屋山自选形胜之地,建阳台观以居,并御书"寥阳殿"榜。开元十五年(727年),阳台观建成,玄宗命胞妹玉真公主入阳台观随司马承祯学道,一时震动朝野,王屋山也随之名声大噪,李白、张说、王维、岑参等大诗人相继登临,并留下诗作名篇。五代时,阳台观遭兵火损毁。金正大四年(1227年),道士志祐主持重建阳台观,并改名阳台宫。此后历代都有修葺。

阳台宫位于天坛峰下，是王屋山"道教三宫"（阳台宫、紫微宫、清虚宫）中现存建筑群体最大的道院，占地9300平方米。建筑群体沿山门中轴线组成二进院落，依山就势，北高南低，布局严谨，错落有致。前院以三清殿为主体建筑，两侧有廊庑式配殿；后院以玉皇阁为主体建筑，另有王母殿；西院为白云道院，是道士起居之所。其实依地形规模，阳台宫在全国道观中算不上知名，但其天尊殿内的壁画非常有名，据道书记载，壁画高达一丈六尺（约5.3米，长九十五尺（约31.7米），皆依道教经传创意作图，神仙灵鹤、云气飞烟及王屋山形势漳壑，画中一一毕呈。壁画是否出自司马承祯的手笔不得而知，但最起码是秉承司马承祯之意所画。传世名帖《上阳台帖》据传就是李白为阳台宫内老友司马承祯的壁画所题。

阳台宫有一奇，站在宫前石阶上击掌，会听到当地人说的"凤凰鸣"。传说该宫建在了凤尾，登高远望，会发现阳台宫后面的天坛峰状似凤首，对天而鸣。宫前的九条大山岭合称"九芝岭"，自北向南以扇形展开，状如凤尾。山民们把这种奇异的地形叫作"丹凤朝阳"。司马承祯当年选中这块"风水宝地"真可谓独具慧眼。

三清殿又名大罗三境殿，是我国现存体量较大、石雕和木雕艺术价值较高的明代单体木结构建筑。三清殿内纵横18根方形石柱和殿外12根露明石柱，通身浮雕道教神话故事，如云龙翔凤、八仙过海、珍禽瑞兽、风雨雷电诸神等，形象生动。三清殿的木结构多采用宋元时期的营造手法,气势宏伟,制作精巧。内部梁架结构为九架梁屋,内额施平棋天花藻井。藻井斗拱多达十一踩五翘,上承云龙背版,制作精细,彩绘鲜艳。依《唐六典》"非王公之居,不施重栱藻井"之定制,可见其初建时规格就非同一般。三清殿殿脊上的大型鸱吻和脊兽均为三彩琉璃件,工艺精美,鸱吻高达2米,脊兽多达28个。

玉皇阁为歇山式三重檐阁楼建筑,其构件多数都是明代遗留下来的,楼顶架梁系清代重修。玉皇阁用8根12米长柱从基础直通楼顶,承载阁楼全部重量,稳固性能极好;其木构件及木雕虽明、清两代兼存,配置却非常协调;内部梁架四角的悬空垂龙柱,造型非常生动,格扇窗裙板透雕云龙、荷花、水鸟,线条流畅,工艺精湛,为明代森雕精品;阁楼全部采用琉璃瓦顶,整体建筑金碧交辉,富丽堂皇。玉皇阁廊柱浮雕是阳台宫众多浮雕中最具欣赏价值的艺术精品。20根八角石柱上,高浮雕盘龙丹凤、花鸟禽兽、高士羽人及民间故事苏武牧羊、龙抓王小、飞虎山、桃源洞、孝子图等,形象丰富生动,是明代精湛石刻艺术的代表。阳台宫浮雕内容都是中国古老的民间神话故事,而阁后西侧第一根廊柱上却雕有乌鸦与狐狸的故事。是《克雷洛夫寓言》很早就传入了中国,还是这个故事最初产生在我国,后流传到国外并被收入《克雷洛夫寓言》? 这引起了众多研究者一探究竟的兴趣。

阳台宫三清殿前有四株古柏和一株娑罗树,树龄均在千年以上。其中两株古柏状似云龙丹凤,被称为"龙柏"与"凤柏"。而更吸引人注意的则是道观里的这株佛门标志性树种娑罗树。娑罗树又名七叶树，是"佛国三宝树"之一。传说释迦牟尼在菩提树下诞生，用贝叶写经文传法，在两株娑罗树间的吊床上涅槃，于是这三种树就被称为"佛国三宝树"。阳台宫里的这株娑罗树据说是玉真公主亲自栽下的，至今仍枝繁叶茂，每年春夏之交，一串串穗状白花掩映在绿叶间，如千百白玉小塔，使庄严肃穆的道院显得生机盎然。佛门圣树在道观的千年繁茂，显示了自唐以来佛道交融的趋势。

阳台宫已历经了千余年的风雨，院内的历代碑刻记载着它的兴衰，讲述着它的历史，并延续着悠久的文化。

天下第一水神庙

河流哺育了人类文明,但河流所引发的水患也给人类带来了无穷无尽的灾难。因此,人类对河流总是充满了敬畏之情。中国古代更是将河流,特别是江、河、淮、济"四渎",敬为神明,在"四渎"之畔或源头都建有水神庙以祭祀。"四渎"之水神庙,除江渎庙在湖北秭归外,其余的都在河南。河渎庙在今河南巩义,初建于唐,毁于宋。明朝初年祭祀洛水视同河渎,明太祖朱元璋敕建庙共祀二水神,此即今巩义之河渎庙,也叫大王庙,现存清代建筑10余间。淮渎庙位于淮河源头桐柏县,庙宇建筑已经毁坏,遗址尚在,存有清康熙皇帝题写的"灵渎安澜"石刻匾额。济渎庙位于今河南济源,"济源"的意思正是济水之源。

"四渎"之中,长江、黄河、淮河都屡屡泛滥,而济水却清澈沉稳,以"清"著称,被古人认为有"君子之德""君子之量"。唐白居易《题济水》诗云:"自今称一字,高洁与谁求?惟独是清济,万古同悠悠。"因此,"四渎"之中,济水"德"称第一。

济渎庙最早是由隋文帝杨坚在开皇二年(582年)颁诏敕建的。此后,对济水等"四渎"的祭祀活动逐步升级。唐玄宗于天宝六年(747年)加封"四渎":河渎封灵源公,济渎封清源公,江渎封广源公,淮渎封长源公。宋徽宗加封济水为"清源忠护王",元仁宗加封济水为"清源善济王"。至明代,太祖朱元璋颁诏"并去前代所封名号,止以山水本名称其神",济水被称作"北渎大济之神"。此后,明清两代诸多帝王都曾颁诏致祭济渎神,康熙和乾隆两位皇帝还分别为济渎庙亲书题匾"沇济灵源""流清普惠"。

　　古时祭祀山水,除按规格及次序摆放祭品外,一项重要内容是沉埋祭器。祭水用"沉",即将祭物投入水中;祭山用"埋",即将祭物埋于"坎",也就是坑或洞中。沉埋的祭物早期有金银器、青铜器,或人和动物,到唐朝时形成了沉埋金龙玉简的定制。金龙也叫黄金龙,是用黄金制成的龙形物;玉简也叫玉符简,是用玉制成的刻有祭祀文字的长方形器物。自唐以后,投金龙玉简一直是祭祀水神的主要形式。据《河朔访古新录》记载,济渎庙内元代投金龙玉简祭祀碑有10余通之多,现存有两通:一通是忽必烈至元七年(1270年)的《大朝济渎投龙简记》,另一通是元延祐元年(1314年)由赵孟頫书写的《投龙简记碑》。2003年8月,在修整济渎庙内的北海池时发现了一枚玉简。简文表明,北宋熙宁元年(1068年)太岁戊申四月,神宗赵顼登基后派专官诏告济水之神,举行了规模宏大的道场,投送了金龙和玉简,这是当时规格最高的祭品。而在民间,进香的百姓也多偷偷带着金银仙佛、银娃金盒之类的东西,趁人不见,抛于池中,谓之"抛长生"。

　　对"四渎"的祭祀,从礼制上讲规格应该是一样的。而在我国现存的"四渎"水神庙中,济渎庙是建筑规模最大、保存也最为完整的。

济渎庙之所以规模较大，还有一个原因，就是现在的济渎庙其实包括济渎庙和北海祠两部分。唐贞元十二年（796年），朝廷鉴于北海远在大漠之北，不便祭祀，故在济渎庙后增建了北海祠，所以现在济渎庙的全称应该是"济渎北海庙"。经历代增修，该庙逐步成为规模宏大、布局有序的古典园林式建筑群，享有我国北方"古建筑博物馆"的美誉。

济渎庙院南北长510米，主院落东西宽215米，占地面积8.6万平方米。自隋开皇二年（582年）创建开始，隋开皇四年（584年）即扩建了天庆宫和御香院，此后唐、宋、元、明历代不断扩建，明时建筑已有400余间。清同治年间，捻军的一支到达济源，于1867年将济渎庙的主体建筑渊德殿等很有价值的建筑200多间焚毁。日军侵华期间，盗走了庙中的一对铁狮和一尊铜像，院内的近百株古柏也被砍掉。中华人民共和国成立以后，地方政府对济渎庙进行了多次维修。济渎庙现存建筑30多座，180余间，主要古建筑有清源洞府门、寝宫、临渊门、龙亭、灵渊阁、玉皇殿、北海池及渊德殿遗址等，此外还有3座宋、元石桥和40多通各代碑碣、石刻等文物。从占地面积和建筑规模讲，济渎庙是我国现存水神庙中最大的，是当之无愧的"天下第一水神庙"。

济水有东、西二源。史载王屋山的云化为水，滴到天坛峰西崖下的太乙池里，然后穴地泆流百里，到平原涌出为泉。出自龙潭的是济水西源，出自济渎池和珍珠泉的是济水东源，二源皆泉水清澈，水涌如珠。济渎庙位于济水东源，距西源龙潭也仅两公里。济渎庙西面是道教名山王屋山,也是传说中的济水初源;北面是险峻巍峨的太行山;南面和东面是开阔的平原,济水由此扬波东去,奔流入海。

"清源"是历代帝王对济水之神的封号,所以济渎庙也叫清源祠。唐贞元十二年(796年),朝廷鉴于北海远在大漠之北,艰于祭祀,故在济渎庙后增建了北海庙。经历代增修,逐步形成了规模宏大、布局有序、风景秀丽的古典园林式建筑群。济渎庙坐北朝南,它的第一道大门,也就是山门,就叫清源洞府门。自清源洞府门入内,先要走过一条宽30米、长达170米的甬道。这条甬道也叫御道,据说是以前祭祀时专供皇帝、钦差走的,而文武官员只能分列两侧。甬道的尽头是清源门。出清源门,再经渊德门,才可见到济渎庙正殿渊德殿。一路走来,让人顿生威严与神秘之感。

清源门和渊德门之间原有四座碑楼和东岳行祠、嵩里神祠等建筑,均已损毁,现仅存一通立于明洪武年间记述朱元璋平定天下功绩和封祭"五岳""四渎"诏文的《大明诏旨碑》。渊德门内是祭祀济渎神的主体建筑渊德殿及元君殿、三渎殿,可惜已遭损毁。考《济渎北海庙图志碑》可知,渊德殿为单檐庑殿式建筑,大殿后门通过覆道与寝宫相连,外围有内转82间、外转90间的回廊。这种"工"字形的格局只有在高等级的祠庙中才能见到,通用于隋唐时期的祭祀建筑中。覆道和回廊毁于清代兵火,现在的回廊是20世纪末复建的。回廊和主殿之间有一株千年古柏,见证着千百年来在这片空旷场地上进行的祭祀活动,显示着主殿的威严和回廊的华美。渊德殿是济渎神"理政"的大殿,其后经覆道相连的寝宫则是他的卧室。寝宫是四架椽的单檐九脊殿,重建于宋开宝六年(973年),是河南现存最早的木结构建筑。

寝宫向北就是北海祠了。它是祭祀北海神的庙宇,主体建筑仍以济渎庙的轴线排列,形成祭祀重心,与济渎庙整体布局相协调,是其有机组成部分,同时又自成体系。

临渊门是北海祠的山门,初建于唐,重建于元大德四年(1300年),是河南省为数不多的元代单体建筑之一。北海祠的所有建筑都围绕济渎池布局,具有古典园林风格。济渎池是济水东源,祭祀济水神和北海神的主要活动,如投沉金龙玉简以及百姓"抛长生"等,都在此进行。济渎池分东、西二池,有石桥与桥亭将水面分隔开来,又连通起来,起到了很好的园林装点作用。三座石桥均为宋代建筑,桥侧面雕龙画凤,具有很高的艺术价值和历史研究价值。济渎池南的龙亭又名水殿,是一座采用宋元制式、保留元代构件的明代早期重修木构建筑。龙亭三面临水,便于投沉祭品等各项祭祀活动的进行,也巧妙地体现了建筑与水相依存的关系。济渎池北是灵渊阁和北海神殿。灵渊阁前置有一副石勾栏,其盆唇、地栿之间雕有镂空"万"字纹,这就是宋代《营造法式》所述的"单勾栏",其镂刻卷草、宝瓶雕饰及云版圆雕等都极精工。

济渎庙整体呈"甲"字形,取道教文化中"神龟探海"之意。从总体上看，其布局精巧复杂，兼具北方建筑艺术和南方园林艺术的特点，不仅在所有水神庙中无出其右者，放在全国所有祠庙建筑中也可谓独树一帜。

小沟背的"贾宝玉"

济源因"济水之源"而得名,如今名字还在,济水却没了。好在黄河一道大坝修在了这里,有了小浪底水库,还是因水,济源经济发展与知名度齐飞。水之外,还有山,自然是愚公所移的王屋山。地球人未必都知道,但够年龄的中国人一定知道,这是让济源出名的山和水,而济源引人入胜者,当然不止这些。

甲午暮春,河南省散文学会创作基地在小沟背景区挂牌,我应邀前往,同行的还有王剑冰。

那天剑冰从外地坐火车回郑,他们先接上我再去车站接他。我们赶到郑州东站时得知他是到郑州站,一番折腾,让他在马路边站了一个多小时。

好事多磨,接下来的行程非常顺利,薄暮时分,我们来到了小沟背景区。

车子沿峡谷蜿蜒前行。山路沿溪流修建,任意曲折,溪水清澈而欢快。这峡谷也就因这一带白水而名"银河峡"。神奇的不是这些,而是路边、溪流中的石子,有青,有红,有白,有黑,还有黄。石有五色,这难道就是女娲当年所炼的五色奇石?

小沟背景区是王屋山—黛眉山世界地质公园的一部分,位于河南济源和山西垣曲、阳城交界处,由银河谷地、鳌背山、待落岭三部分组成。

先说山。鳌背山初看并无什么奇特之处,就像一个断了四足的乌龟趴在那里,这也正是它名字的来历,其奇特处也正在这里。断去此龟四足的原来不是别人,乃是女娲娘娘。所谓"断鳌足以立四极",女娲为支撑四极所断者正是这只神龟的四足,它的牺牲和贡献实在太大了。它之骄傲处也正在此,那是当了顶天之大任的。

再说石。行走在小沟背,见不到石之奇就是有眼无珠。山间很多赤肚小孩模样的光滑石头层层叠叠密布在大片崖壁上,传说此即女娲造人的遗迹。而那些或如楼宇般巨大,或如鸟蛋般小巧的五色石,自然就是女娲为补天所炼之石了。石虽奇,毕竟都是未能成人、未能补天的等外之品。

把神话坐实是很愚蠢的,但此处景观如此与女娲神话相合,说明不是神话在这里化为了现实,而是现实在这里被演绎成了神话,即这里应该是女娲神话的原创地。王屋山本是道教名山,是太行山脉的一部分。太行之"行"与五行之"行"原本应该是同字同音同义的。《西游记》中说孙悟空是被如来压在了五行山下,这"五行山"就是太行山的别名,现在称"太行"大约来自于"太极五行"吧。如此就看出了太行山与中国原始神话的关联。要知道,太行山还有个别称,就叫"女娲山"。正因如此,小沟背所在的邵原镇,被中国民间文艺家协会授予了"中国女娲神话之乡"的称号。

山、石因象形而被附会上各种传说，到处都有，并不稀奇，而石分五色就比较少见了。五色石的形成，是因为王屋山地区原本是一片大海，在由海底隆起成山的过程中，小沟背一带形成了罕见的火山熔岩上覆盖海相沉积岩的地质奇观，于是就有了我们看到的银河峡五色石点缀其间的景观。

车到目的地，先我们而来的人和接待的人去山中游玩尚未归来。夕阳西照，整个山谷沐浴在金灿灿的光辉中，溪水泛着波光，让岸边水底的五色石子更多出一份迷人的光彩。我和剑冰放好行李即下到谷底，去探访这些奇石。

这些五色石既为女娲所炼，被弃至此也不知有几千年了，应该都是些不堪补天大用的顽石，寻得其中有灵性者如茫茫大士、渺渺真人般携入红尘，可不就有另一个"贾宝玉"了。又或者，尽管剑冰兄不是宝姐姐化身，我也非林妹妹转世，但能在这里找到重回山中的"通灵宝玉"，绝对是美事一桩。

一番寻找，这个也不错，那个也挺好，拣了这个，放下那个，终是觉得都有些美中不足，没找到一块称心如意的。我们来时既经历了"好事多魔（磨）"，现在又感受着"美中不足"，看来《红楼梦》中二仙师说的"'美中不足，好事多磨'八个字紧相连属"的确不虚。

不过，虽未寻得"通灵宝玉"，毕竟在这里见到了它千千万万的"兄弟"。想来，那宝玉在此也该消去怨气了。此处五色之石，既为女娲所炼，又没能入选三万六千五百零一块之数，比之"通灵宝玉"更不知差了几许。那宝玉毕竟是差一点儿当了补天之大用的炼石,而这些石头却连"差一点儿"的机会都没有,可见普天之下,怀才不遇者总非一人。

一念至此,心神顿安。天下诸事,宇宙万物,哪个是能够十全十美的？求不得就求不得吧,终归是实无可得。

随手拣一石块,带回来置于案头,那就是未能补天的"贾宝玉",或者就是自己。

茶 与 瓦

有一个喝茶的地方,叫瓦库。

在二三十年前并由此上溯至秦汉及其以前,说到"瓦库",没人会把它与喝茶联系起来,几乎所有人想到的可能都是"放瓦的仓库"。然而今天,在现代化的都市里,说到"瓦库",几乎没人会再想到"放瓦的仓库",而会自然把它看成一个富有文化意味的古雅之所。

人最基本的需求,无非衣食住行。住,在当今中国的都市,仍然是一件让很多人纠结的事。只是现在渴望拥有属于自己的住房的蜗居一族、合租一族在说到自己无房的状况时,已不会再用"上无片瓦"来形容。而在人类漫长的发展历程中,除少数窑洞、竹楼、茅屋等非主流建筑的居住者外,对绝大多数中国人来说,居所总是离不开瓦的。2009年,文物普查人员在陕西省宝鸡市陈仓区桥镇遗址采集到板瓦一片、筒瓦三片、槽型瓦两片。与这些陶瓦一起出土的还有新石器时代龙山文化时期的泥质红陶、夹砂红褐陶篮纹斝、罐等文物。这些龙山文化时期的陶瓦,比此前所发现最早的瓦即西周早期的周原地区的瓦又早了1 000多年。由此可见,在人类开始过上居有定所的生活以后,瓦就一直与我们的生活息息相关。但是现在,生活在高楼林立的都市,瓦早已不是居住生存的必需品，而仅仅成为一种可有可无的装饰。于是，瓦也就成为一种正在消失的历史记忆。

当瓦成为历史记忆的时候，它自然也就成为一种文化符号。今天再说起瓦，我们会想到小时候曾居住过的长满瓦松的旧房，想到古镇富有文化气息的老建筑，想到散落在文化遗址上的破碎瓦片，也许还会想到一个词——秦砖汉瓦。无论如何，它已不再与生活息息相关，而与记忆、经验、历史、文化联系密切。

茶的情形与瓦类似。中国有句老话："人生七件事，柴米油盐酱醋茶。"可见茶原本也是与生活息息相关的。

茶的原产地就在中国，使用的历史有数千年之久。《神农本草经》中说："神农尝百草，日遇七十二毒，得茶而解之。"陆羽在《茶经》中也说："茶之为饮，发乎神农氏，闻于鲁周公。"神农生活的时代距今大约有5 000年，那时中国的先民已经发现和利用茶叶了。在2 000多年前的汉代，用茶已经非常普遍了。西汉时有个著名的文学家，叫王褒，辞赋写得很好，因表字子渊而和扬雄并称"渊云"。这个王褒写过一篇很有意思的文章，叫《僮约》。文章写于神爵三年，也就是公元前59年。当时，王褒寓居在一个杨姓寡妇家，这杨氏的亡夫有一个家僮，也就是奴仆，叫便了。王褒与杨氏大约有些小暧昧，觉得自己就是这家的主人了，就时不时差遣便了干这干那。便了心存不满，忍不住发发牢骚，说三道四的。话传到了王褒耳朵里，他就来了手黑：用15 000贯把便了买来做自己的奴仆，并立了一份契约，明确规定了家僮必须干的活和不准得到的待遇。这份契约就是著名的《僮约》,其中对家僮有这样的要求:"脍鱼炰鳖,烹茶尽具","牵犬贩鹅,武阳买茶"。王褒不经意这么一写,留下了一段珍贵的历史资料,让我们知道当时四川地区种茶已很普遍,并有了茶叶市场,而有身份的人的家里,用茶已非常讲究了。不过在当时,茶的食用和今天的泡茶而饮还是有很大不同的。茶的食用是从咀嚼茶树的鲜叶逐步发展到生煮羹饮的。现在云南的基诺族还有吃"凉拌茶"的习俗:把茶的鲜叶揉碎,加入黄果叶、大蒜、辣椒和盐,用水拌匀了食用。《晋书》中有"茶作羹饮"的记载:"吴人采茶煮之,曰茗粥。"到唐代,吃茗粥仍是用茶的主要方式。由唐至宋,把茶磨成粉末后冲食,一直非常普遍。我们今天习惯把炒青加工而成的散叶茶用沸水冲泡饮汤的用茶方法,则是从明朝才开始广泛使用的。

今天,茶在很多人那里,已被各种碳酸饮料取代,能够坐下来的人已然很少,而坐下来的人中又有相当一部分会小口啜着咖啡轻声交谈,与两三知己或一人独坐慢慢品茶,在很多人眼里,已成为一种恋旧的雅兴。总之,和瓦一样,茶也不再与生活息息相关,而更多与传统、与文化相关。

茶和瓦这两种原本不相干的东西,如此一来,就有了共同的特点,有了相关性。更进一步,这种相关性被利用起来,有了瓦库这个喝茶的地方。

坐在瓦库里,身边是各样的青瓦,眼前是各色的茗茶。瓦库喝茶,瓦库谈茶,就有了别样的韵味。而茶和瓦又渐渐显出了"不是一家人,不进一家门"的缘分。

茶水茶水,茶总是离不开水的。没有水的浸泡,茶的精华无法析出,所以就不叫茶,也没法饮。茶与水的缘分当然不仅如此,在茶树的生长过程中,没有水的滋润,就没有茶的生命。所以,茶的生命是水滋润出来的。但是,茶的滋味又是火炼出来的。我们今天饮用的茶,不管是炒青,还是蒸青,大多都要经过一个炒蒸的制作过程,即使那些未经炒蒸的茶,也都要经过一个高温干燥的过程。因此,茶叶可以说是浴火再生的。最后,用火烧出沸腾的水来,浸泡茶叶,在火的洗礼中,在水的浸润中,茶的韵味充分释放了出来。

瓦的情形又何尝不是如此。泥土在水的浸润下,经过反复揉,反复和,有了黏性,有了柔性,被赋予形象,然后在火的烧炼中,如凤凰涅槃,有了新的生命,有了坚强的刚性,最后再有水的滋润,有了新的颜色,变得沉稳而富有内涵。因而,瓦的生命同样来自火的洗礼和水的滋润。

茶、瓦,看起来是如此的不同,细品却又有着如此相同的内涵。其实,万事万物又何尝不是如此。正如我们的人生,没有水与火的洗礼、历练,哪有丰厚的意味。

于是,坐在瓦库里喝茶,就喝出了别样的味道,在此品味的岂止是茶,岂止是瓦,其实就是人生。